农业农村人才学习培训系列教材

农业产业化龙头企业助力乡村振兴典型案例

NONGYE CHANYEHUA LONGTOU QIYE
ZHULI XIANGCUN ZHENXING DIANXING ANLI

农业农村部管理干部学院
中国光彩事业基金会 编
龙 湖 公 益 基 金 会

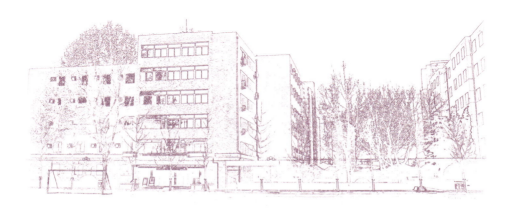

中国农业出版社
北 京

《农业产业化龙头企业助力乡村振兴典型案例》
编 写 组

主　　编：向朝阳　　牛建国

策　　划：闫　石　　李科健　　冯克非　　林丽华

副 主 编：窦晶鑫　　王国俭　　孙　潇

统 稿 人：张效榕

编写人员：栗欣如　　刘议蔚　　王丽明　　孙　瑛

　　　　　戈凤秋　　赵俊伟　　姚倩倩　　张　琪

　　　　　崔志勇　　王　苗　　王雨辰

教材是培训教学的基础载体，是培训教学组织的基本规范，是培训教学活动的基干要件，是培训教学研究水平的重要体现。《干部教育培训工作条例》《2018—2022年全国干部教育培训规划》明确提出，要加强教材建设，开发一批适应干部人才履职需要和学习特点的培训教材和基础性知识读本；各地区各部门各单位结合实际，开发各具特色、务实管用的培训教材，根据形势任务变化及时做好更新。

多年来，农业农村部管理干部学院（中共农业农村部党校）始终坚持深入贯彻党中央关于干部教育培训工作决策部署，以宣传贯彻习近平新时代中国特色社会主义思想、助力实施乡村振兴战略为己任，把教材建设作为夯实培训基础能力、推进培训供给侧结构性改革的重要抓手，把创编什么教材同培训什么人、怎样培训人、办什么班、开什么课、请什么人讲联动起来，把组织编写、推广使用培训教材同教学、管理队伍建设结合起来，系统提升办学办训能力。围绕走中国特色农业农村现代化道路、全面推进乡村振兴，编写出版了"三农"理论政策、现代农业发展、农业农村法治、农民合作社发展、农业财务管理等方面特色教材50余种，得到了广大学员、同行的普遍好评。

党的二十大报告强调指出，全面建设社会主义现代化国家，最艰巨最繁重的任务仍然在农村；要加快建设农业强国，扎实推动乡村产业、人才、文化、生态、组织振兴。功以才成、业由才广。全面推进乡村振兴，建设宜居宜业和美乡村，需要着眼人才"第一资源"的基础性、战略性支撑作用，培育、汇聚一大批高素质人才，推动开辟发展新领域新赛道、塑造发展新动能新优势，带动实现农业强、农村美、农民富。适应新时代新征程要求，培养造就一支懂农业、爱农村、爱农民的"三农"工作队伍，建设一支政治过硬、本领过硬、作风过硬的乡村振兴干部队伍，如何更好发挥教育培训的先导性、基础性、战略性作用，是一个必须回答好的新课题。

高质量教育培训离不开高水平教材的基础支撑。我们把2022年定为"教材建设年"，以习近平总书记关于"三农"工作的重要论述为指引，发挥我院在相关领域的专业积累优势，系统谋划、专题深化，组织编写"农业农村人才学习培训系列教材"。重点面向农村基层组织负责人、农业科研人才、农业企业家、农业综合行政执法人员、农民合作社带头人及农民合作社辅导员、家庭农场主、农村改革服务人才、农业公共服务人才等乡村振兴骨干人才，提供政策解读和实践参考。编写工作遵循教育培训规律，坚持理论联系实际，注重体现时代特点和实践特色，努力做到针对性与系统性、有效性与规范性、专业性与通俗性、综合性与原创性的有机统一。该系列教材计划出版10种，在农业农村部相关司局指导下，由我院骨干教师为主编写，每种教材都安排试读试用并吸收了一些学员、部分专家的意见建议，以保证编写质量。

我们期待，本系列教材能够有效满足读者的学习成长需要，为助力乡村人才振兴发挥应有作用。

向朝阳

2022年12月

■ ■ ■

农业产业化龙头企业是引领带动乡村全面振兴和农业农村现代化的生力军，是打造农业全产业链、构建现代乡村产业体系的中坚力量，是带动农民就业增收的重要主体，在加快推进乡村全面振兴中具有不可替代的重要作用。

为进一步推动重点帮扶地区特色优势乡村产业的发展，促进农业产业化龙头企业与脱贫地区特别是国家乡村振兴重点帮扶县开展对接合作，农业农村部管理干部学院、中国光彩事业基金会与龙湖公益基金会等单位，联合开展"农业产业化龙头企业助力乡村振兴光彩行动"活动。2023年，活动分别在贵州省黔西南布依族苗族自治州、山东省临沂市、重庆市垫江县举办，覆盖果蔬，薏米、畜牧、屠宰、精深加工，粮油、食品加工，茶产业等乡村特色产业，搭建了交流对接平台，为脱贫地区持续引入农业产业化龙头企业优势资源，共有20省市的170家龙头企业，以及贵州省黔西南布依族苗族自治州、山东省临沂市、重庆市300家中小微企业参加活动，涌现出一批典型案例，产生实际合作10项，其中2项合作项目已落地开建，形成良好的社会、经济效应。

为发挥典型实践的示范效应、助力乡村全面振兴，编写组根据企业对接情况，对参加活动的相关企业进行访谈，并从百余家企业中甄选凯扬农业开发有限公司、顺欣海洋渔业集团有限公司、蔬益园食品有限公司、汇达柠檬科技集团有限公司、天湖茶业有限公司、圣农控股集团有限公司、陶然居饮食文化（集团）股份有限公司、正宇面粉有限公司、青援食品有限公司等9家农业企业进行案例撰写，对统一服务带动标准化经营、股份合作共享发展成果、金融创新支持高质量发展、村企协同共促脱贫致富、业态创新引领就业创业等联结模式进行总结提炼。

企业案例基于农业企业发展历程，从优化生产环节、提升加工环节、拓展销售环节等展开叙述，重点分析产业链条的搭建、一体化经营的过程，最终落脚于剖析企业如何带动农户发展，为企业发展提供可复制、可借鉴的典型模式和经验做法。

希望本书能够激发读者主动思考、寻求解决方案的能力，为企业管理及相关人员提供系统剖析农业产业化龙头企业经营的真实样本，为农业产业化联合体和龙头企业培育提供借鉴，为农业发展培养更多高水平复合型管理人才提供重要支撑，促进企业创新发展、做大做强。

值本书正式出版之际，我们对参与"农业产业化龙头企业助力乡村振兴光彩行动"及典型案例编写工作的所有领导、专家、各地农业农村部门的同行以及相关农业企业经营者表示衷心的感谢。由于水平有限，书中难免有疏漏和错误之处，敬请读者批评指正。

本书编写组

2023年12月

CONTENTS | **目录**

■ ■ ■

创新龙头企业发展机制
助力乡村兴业农民增收

　　2018年3月8日，习近平总书记参加第十三届全国人民代表大会第一次会议山东代表团审议时发表重要讲话，就实施乡村振兴战略提出了"五个振兴"（即乡村产业振兴、人才振兴、文化振兴、生态振兴、组织振兴）；五个方面构成了一个整体，也是实施乡村振兴战略的路径和主攻方向。2023年2月，《中共中央　国务院关于做好2023年全面推进乡村振兴重点工作的意见》（农发〔2023〕1号）正式发布，旨在全面贯彻落实党的二十大精神和中央农村工作会议精神，围绕全面推进乡村振兴、加快建设农业强国，立足当前我国"三农"工作的阶段特征，精准部署全面推进乡村振兴的9项重点工作。2023年12月，中央农村工作会议指出，要锚定建设农业强国目标，把推进乡村全面振兴作为新时代新征程"三农"工作的总抓手。

一、构建农业产业化经营体制机制

（一）农业产业化经营发展背景

　　农业产业化也称农业生产、经营、服务一体化，主要将农业生产的产前、产中、产后等环节有机地联系起来，其核心是一体化结构体系的建立和运作。

　　我国农业产业化发端于20世纪80年代中后期，是在农村经济改革与发展的实践中应运而生的。农业产业化适应了农业社会生产力的发展要求，是在我国农业生产经营实践中形成的促进农业发展的新机制。党的十五届三中全会通过的《中共中央关于农业和农村工作若干重大问题的决定》指出，农村出现的产业化经营，不受部门、地区和所有制的限制，把农业产品的生产、加工、销售等环节连成一体，形成有机结合、相互促进的组织形式和经营机制，既能奠定农民家庭承包经营的基础，维护农民财产权，又能推动农民进入市场，采用现代科学技术，扩大生产经营规模，增强市场竞争力，提高农业综合效益，是我国农业逐步走向现代化的有效途径。党中央、国务院多次提出要积极推进农业产业化经营，把它作为推进农业和农村经济结构战略性调整、发展农村经济、增加农民收入的突破口。

（二）农业产业化的实践与相关政策

◎萌芽阶段：1978—1990年

改革开放前，我国实行的经济体制是高度集中的计划经济。为了更好推动国家工业发展，政府对农业实行严格的限制，对粮食实行统购统销制度，造成了工农业产品"剪刀差"的存在。这一时期，农业生产的上下游部门之间没有直接的经济联系，基本按照计划调配开展生产活动。

1978年，党的十一届三中全会召开后，我国农村地区开始推行家庭承包经营制度和统分结合的双层经营体制。农村生产关系不断调整以适应生产力发展的要求，农村的分配关系得到很大调整，农业生产力得以逐步恢复和提高。我国农村实行了家庭承包经营，激发了农户的农业生产活力，越来越多的农民加入乡村创业的队伍中，集体企业、户办企业、联户办的企业发展迅速。在发展过程中，形成了独具特色的经营模式，如以集体企业为主的苏南模式，以家庭经济为主的温州模式以及以外向型企业为主的珠江模式等。随着1982年、1983年中央1号文件的出台，我国农产品购销政策和价格体系得到调整改革，逐步摆脱计划经济体制的束缚。

在此期间，面对复杂变化的市场信息，在市场利益机制的驱动下，一些经济较为发达的地区出现了农业上下游环节的合作，以此实现优势互补、降低生产成本。政府也对商品生产过程中多种多样的合作形式给予鼓励和支持。此后，农业产业链各环节联系日渐紧密，经营主体间"跨环节合作"模式不断发展，为农业产业化的起步奠定了基础。

◎ **发展阶段：1991—2002 年**

在企业蓬勃发展的过程中，出现了较多问题，如公共设施无法共享、市场信息传递不灵等，使得企业之间难以形成专业化分工协作与联合；"治理经济环境，整顿经济秩序"政策的实施，导致部分企业"关、停、并、转、迁"。

各地在不断实践中，逐步探索出解决上述农业市场化发展与现行经济体制矛盾的办法。其中，山东省潍坊市在计划经济体制转向市场经济体制的1992—1993年，为克服和解决农业农村发展中的矛盾，根据市内诸城、寿光等县级市的实践，结合日、法、美等国现代农业管理经验，作出了实施农业产业化经营战略的决定。农业产业化以市场需求为导向，以经济效益为中心，依靠农业龙头企业带动与科技发展，对农业经济实行区域化布局、专业化生产、一体化经营、社会化服务以及企业化管理，由此形成贸工农一体化与产加销一条龙的农村经济经营方式和产业组织形式。1995年12月11日，《人民日报》发布社论《论农业产业化》，总结了潍坊市农业产业化发展的实践经验。1996年，"九五"计划提出"积极推进农业产业化经营"。

1997年，"农业产业化"被写入党的十五大报告。农业产业化逐步在全国范围内展开实践，成为我国市场经济发展下推动农业高效高质发展的重要途径。在此之后，农业产业化不断出现在政府关于农业发展的各种会议和文件中，从"积极发展农业产业化经营"到农业产业化经营是"我国农业逐步走向现代化的现实途径之一"，表明我国政府对农业产业化的重视、对其农业发展带动成效的认可。在这一时期政府政策的引导支持以及市场机制作用下，我国农业产业化发展迅速，出现了"公司＋农户"和"龙头企业＋中介组织＋农户"等新型合作组织形式，提高了农民加入产业化发展环节的综合收益。

（三）农业产业化发展成效

带动小农户发展的现代农业经营体系初步形成。在坚持农村基本经营制度和家庭经营基础性地位的前提下，探索了农业产业化龙头企业组织带动小农户发展的多种有效形式，初步形成了以家庭农场为基础、农民合作社为中坚、农业产业化龙头企业为骨干、农业社会化服务组织为支撑，引领带动小农户发展的立体式复合型现代农业经营体系。

引导小农户融入现代农业发展的路径逐步清晰。通过服务带动一批，引导小农户与各类新型农业经营主体融合发展，有效导入现代生产要素，提高小农户生产经营的组织化程度，加快融入现代农业大格局。

促进小农户持续增收的渠道更加多元。依托农业社会化服务体系，实现了农业生产的集约经营和集成服务，降低了小农户生产成本；依托各类新型农业经营主体带动，实现了农业价值链增值和农民就业增收。

二、培育农业产业化龙头企业

发展乡村产业是乡村全面振兴的重要根基，是实施乡村振兴战略的首要任务和工作重点，更是乡村振兴的基础和保障。新型农业生产经营主体尤其是农业产业化龙头企业，在乡村振兴中具有不可替代的重要作用，发挥了引领示范带动作用。

（一）农业产业化龙头企业的发展与相关政策

20世纪90年代，党中央充分肯定了企业的作用，但为了避免"村村点火，户户冒烟"发展模式所带来资源消耗和环境污染问题，建立"乡镇企业园区"，从而提高企业管理水平和经济效益。除此之外，我国进行了产业化布局，带动企业机制转化、推进产业优化升级。如2003年底出台的《中共中央　国务院关于促进农民增加收入若干政策的意见》(中发〔2004〕1号)指出，"发展乡镇企业是充分利用农村各种资源和生产要素，全面发展农村经济、拓展农村内部就业空间的重要途径。加大对规模以上乡镇企业技术改造的支持力度，促进产品更新换代和产业优化升级"。在多项政策影响下，农业企业实现转型升级，并形成了一批产业化水平较高的农业企业。

2000年后，农业企业发展步入"黄金期"。现已认定了上千家国家重点龙头企业，农业企业规模显著增长。2000—2012年我国农产品出口额增长超过10倍，年均增长12.6%，而农业企业出口创汇额占全国农产品出口总额的比重在八成以上。在企业快速发展过程中，我国提出了企业组织创新，促进企业创新发展。如2012年颁布实施的《国务院关于支持农业产业化龙头企业发展的意见》指出，要推动我国农业组织创新改进，农业产业化龙头企业的功能和作用日益凸显。

在政府大力支持带动我国农业产业化蓬勃发展的同时，也出现了政府调控和支持力度不够、管理和服务上的部门分割和地域分割，以及为政绩而过度干预、盲目决策等问题。在市场经济体制的完善阶段，政府部门不再对农业产业化经营过度干预，逐步转向完善农村市场体系、规范农村合作组织运行以及健全涉农法律法规制度、培育高素质农民等方面。如为了实现农业规模化经营，鼓励农户流转土地的承包经营权；通过规划农产品流通布局、加强市场调控，降低流通成本；稳步推进土地确权登记工作等。市场经济体制的逐步完善，带动新型农业经营主体和新的利益联结形式出现，"企业+中介+农户"模式发展迅速，成为农业产业化通用合作模式。小农户的组织程度不断加强、谈判地位逐步提高，龙头企业不再独占主导地位，农业产业化发展形式不断完善。

（二）农业产业化龙头企业在乡村振兴中发挥的作用

推进农业产业化，需要通过农业龙头企业的带动和示范引领，扩大农户生产经营规模，提高农民组织化程度，形成一批专业大户、家庭农场和农民合作社。同时，农业龙头企业可以凭借较高的管理效率和较强的市场营销能力，带动其他主体共同发展，将产业链各主体打造成为风险共担、利益共享的共同体，促进各类主体融合共生。

通过建立现代企业制度，加强全产业链打造。农业产业化龙头企业是农业生产和农产品市场供应的重要主体，对保障国家粮食安全和重要农产品有效供给发挥了重要作用。县级以上龙头企业提供的粮油类产品占市场供给的三分之一多，提供的"菜篮子"产品占市场供给的三分之二多。

不断创新完善与农户的利益联结机制，有效带农增收致富。通过产销订单、土地托管、资产入股等方式，带领越来越多小农户融入现代农业发展，有效带动农民就业增收致富。依托农村集体经济组织发展，实现了要素分红促进增收，通过盘活农村集体资源资产，吸纳农户以土地、住房等入股集体经济组织，释放了小农户的财产性收入增长红利。

延伸产业链，提升价值链。农业龙头企业依托农产品加工环节，可以向上游延伸、向下游拓展，在纵向环节的融合中发挥引领带动作用。从实践看，农业产业化本身就是不同产业环节的融合。出于保障原料质量、提高产品品质的考虑，农业龙头企业为农户、家庭农场开展技术指导和培训，示范引导农牧结合、农林结合、农渔结合、农旅结合，在一二三产业的横向融合中发挥重要作用。同时，为保持市场竞争力，农业龙头企业在生产经营过程中需要秉承价值提升理念，从各个环节挖掘增值空间，实现价值链提升。

三、发展多种形式的主体联合

习近平总书记要求，探索一些好办法，帮助农牧民更多分享产业利润效益，真正同龙头企业等经营主体形成利益共同体。随着我国农业产业化快速发展，龙头企业实力稳步增强，利益联结机制日益完善，带农惠农成效不断凸显，进入了推进农村一二三产业融合发展的新阶段，农业产业化经营组织带动农民发展、共同致富的模式也在不断创新。如安徽、河北等地探索形成了由一家龙头企业牵头、多家农民合作社和家庭农场参与、用服务和收益联成一体的联合体形态。

（一）农业产业化联合体的实践与相关政策

1.农业产业化联合体的界定

农业产业化联合体起初是我国农业管理部门与农业生产经营组织在实践中提出的一个政策性概念。在多年发展实践基础上，2017年农业农村部等六部门联合印发《关于促进农业产业化联合体发展的指导意见》（农经发〔2017〕9号），明确了农业产业化联合体的定义："农业产业化联合体是龙头企业、农民合作社和家庭农场等新型农业经营主体以分工协作为前提，以规模经营为依托，以利益联结为纽带的一体化农业经营组织联盟。"联合体的核心在于利用联盟的组织形式把产业链的主体更加有效地组织起来，开展协同协作。其中，由农业产业化龙头企业牵头，农民合作社、家庭农场、小农户跟进，科研、生产、加工、服务、金融等主体共同参与。联合体以帮助农民、提高农民、富裕农民为目标，以发展现代农业为方向，以创新农业经营体制机制为动力，带农作用突出、综合竞争力强、稳定可持续发展，是引领我国农村一二三产业融合和现代农业建设的重要力量。

2.农业产业化联合体的发展优势

从理论和实践来看，农业产业化联合体依托"公司＋农民合作社＋家庭农场""公司＋家庭农场"，围绕牵头龙头企业构建产业链，在合理分工基础上开展一体化经营，可以发挥各类经营主体的独特优势，有效配置各类资源要素，在降低内部交易成本和违约风险、提高综合竞争力的同时，有助于农户获得长期、稳定、更多的经营收益。

优势互补，从一方带动到多方协同。农业产业化联合体作为产业链上各主体联合抱团重构竞争优势的必然选择，其作用在于解决龙头企业、合作社、家庭农场和小农户各自的市场竞争短板，扩大合作基础上的竞争优势。相较于"企业+农户"模式，联合体引入合作社与家庭农场，进一步降低企业监督生产的成本；相比"合作社+农户"模式，龙头企业可以将精力主要投入农技研发，并将研发成果快速导入生产端，进一步实现科研技术的迭代升级。联合体的建立使得各主体各归其位、各尽其才，成员内部之间的合作联结机制愈加完善。

优化配置，从一方带动到多方发展。在要素利用方面，农业产业化联合体具有明确的、共同的经营目标，通过对资金、技术与品牌等资源要素的优化配置，突破成员发展瓶颈。在金融创新支持发展的联结模式中，联合体中实力强的龙头企业为农户、家庭农场等提供贷款，形成资金联结机制，解决内部主体生产资金来源不足的问题，综合竞争力不断提升。

紧密联结，从一方带动到多方共赢。农业产业化联合体内部各主体原本是相互独立的经营主体，各自从事着既有农业专业生产、加工、流通等业务，加入联合体后，在获得联合体带来的外溢效应同时，通过签订合同，实现约束与利益共享，成员之间的利益联结更为紧密，效果更加突出。一方面，联合体成员通过签订合同或协议、优化信息要素等，在风险规避方面形成具有约束力的机制，以应对产业发展中面临的自然风险、市场风险和违约风险。如河北长城农业产业化联合体在生产中向各主体发放唯一编号并对产品质量负责，如成员不执行合同内容、不按标准生产，则视为违约，违约者不再享受联合体内部的各种优惠。另一方面，农业产业化联合体通过提高农产品收购价保障农户收入，部分联合体还会对农户购买农资进行补贴；通过股份分红机制确保农户分享联合体发展成果，如按照交易量、出资额度、土地经营权折价入股等模式，从年度盈余中按比例进行分红，实现利益联结。

3.农业产业化联合体的发展模式

不同行业、不同类型的龙头企业在发展过程中所面对的市场不同、面临的形势不同、遇到的困难也不同，农业产业化联合体发展路径也不尽相同。根据联合体核心竞争力的不同，可以大致划分为跨行业的立体组合型联合体、品牌引领的市场导向型联合体以及专项技术传导型联合体三类。

立体组合型。立体组合型的联合体更符合大联合的概念，即多家龙头企业、协会、合作社等合作，成员的类型多、异质性也较高。为解决各自发展过程中遇到的市场拓展和原料供给等问题，成员以资本、技术、土地等为纽带实现大联合、合作和组织，功能互补性更强，进而形成种、养、加、销循环，运营中更加突出全产业链的发展。例如，重庆市江津区花椒产业化联合体由省级龙头企业牵头，加工企业13家、花椒种植专业合作社25家、家庭农场1家、村民委员会5个，经营土地面积10万亩[①]，集花椒种植、加工、销售、研发、文旅为一体，带动一二三产业融合发展。

市场导向型。市场导向型的农业产业化联合体，是龙头企业为满足客户需求、维护品牌信誉、保障产品质量等，以农产品供给为目的，寻找具有中高端农产品生产能力的农民合作社和家庭农场，而建立的农业产业化联合体。通过制定联合体章程和协议，在各主体之间构建紧密的利益联结机制，打造农产品生产、加工、销售为一体的产业链。此类联合体的发展，主要以龙头企业制定种养计划、规定产品质量并提供种子、技术支持等，农民合作社与家庭农场负责生产，在分工协作、优势互补中降低产品交易费用，实现各主体利益最大化。目前，大多数联合体为市场导向型。例如，阳西县顺欣渔业产业化联合体是以顺欣海洋渔业集团有限公司为龙头，以广东丰洋农业发展有限公司、阳西县顺源水产养殖专业合作社、阳西县丰源渔业专业合作社为纽带，丰洋农庄、陈王来养殖场等水产养殖大户为基础，各类经营主体分工明确、利益联结紧密的渔业经营组织联盟，旨在解决农户销售难、缺技术、产值低等难题。

技术传导型。技术传导型的农业产业化联合体，即龙头企业与高校、

---

① 亩为中国非法定计量单位，15亩＝1公顷。——编者注

科研机构合作，更加注重推广科研技术，使新品种、新技术等成为联合体发展的相对优势。成员在合作中，更加注重研发机构的构建，以突破关键共性技术为主要方向，结合市场的变化，将研发成果在合作社、家庭农场中推广。

（二）农民合作社联合社的实践与相关政策

1.农民合作社联合社的界定

农民合作社联合社由三个以上农民合作社出资设立，成员之间的同质性较高。联合社的核心在于通过聚集各合作社的要素，形成产品规模与产业规模，实现规模经济效益。尽管企业、事业单位或者社会组织可以作为农民合作社成员，但联合社成员必须为农民合作社。

2.农民合作社联合社的发展

农民合作社联合社是一种典型的社会经济组织现象。近年来，尽管农民合作社的数量迅速增长，但总体上许多合作社规模较小、市场竞争力薄弱，难以通过组织生态位的跃升实现自身成长及演化，也难以发挥太大作用。因此，基于合作社之间的组织再合作和资源再协同，可以实现某些关键生产要素的共同使用，缓解合作社的资源禀赋约束，并降低组织异质性程度，建构规范化治理机制，从而成为提高农民合作规模效益的重要突破口和破解农民合作社失范性发展的重要路径。①2019年中共中央办公厅、国务院办公厅印发《关于促进小农户和现代农业发展有机衔接的意见》，明确支持合作社依法自愿组建联合社，提升小农户合作层次和规模。2020年，农业农村部印发《新型农业经营主体和服务主体高质量发展规划（2020—2022年）》（农政改发〔2020〕2号），鼓励同业或产业密切关联的农民合作社在自愿前提下，通过兼并、合并等方式进行组织重构和资源整合，壮大一批竞争力强的单体农民合作社；支持农民

---

① 徐旭初.联合社何以可能：谈谈联合社的实践逻辑〔J〕.中国农民合作社，2021（9）：41-42.

合作社依法自愿组建联合社，扩大合作规模，提升合作层次，增强市场竞争力和抗风险能力。

目前，农民合作社在服务带动农民增收方面发挥了很好的作用，但受资金、技术、人才等制约，一些农民合作社在扩大生产、产业升级等方面仍面临挑战。通过创新组织方式，加强社际联合，组建联合社，有助于共同铸品牌、拓销路，提升市场竞争力和抗风险能力。截至2023年10月，农民合作社联合社已超过1.5万家。

3.农民合作社联合社的主要发展模式①

生产型。生产型农民合作社联合社是立足于某一类农产品生产，通过联合更多的农民合作社迅速扩大规模，以减少生产成本、提高经营效益的一种生产者联盟。生产型农民合作社联合社一般具有以下特点：主要生产某地区的某一种名、特、优农产品；积极吸纳生产相同产品的合作社加入，以尽快达到一定的生产规模，获得规模经济效益；着重提高生产标准化、机械化、现代化水平，并尝试开展初加工、直供直销等业务，向产业链上下游延伸；需要经营实力突出、声誉较好的合作社牵头和政府有关部门的支持。生产型农民合作社联合社内部的各家合作社生产同一类产品，生产要素也极为相似，较容易将生产要素或生产产品进行量化或比较，故较多采用股份制的契约联结方式。此类契约联结方式较为稳固，易于形成利益共享、风险共担的组织共同体，有利于在联合社层面进行统一规划、统一协调、统一管理，从而产生规模经济效益。在联合社统一经营的过程中，常常进行专用性资产投资，比如投资某些基础设施或人力资本，这种投资一旦形成，将会为产权主体带来"超额利润"，客观上加固了这种契约的联结效力。

营销型。营销型农民合作社联合社是主要经营农产品产后流通及销售领域，通过联合不同类型农民合作社来提高产品的多样性，实现供

---

① 谭智心.农民合作社联合社主要类型及未来展望〔J〕.农村经营管理，2018（7）：14—16.

给稳定和销售盈利的一种产加销同盟。此类联合社是种植类蔬菜、水果合作社组建联合社的主要方式，也是当前联合社发展的主要类型。营销型农民合作社联合社一般具有以下特点：主要从事蔬菜、水果和其他农产品的生产、初加工和销售，靠近终端消费市场；大力发挥核心成员社的带动作用，与其他合作社开展深度、广度不同的业务协调；积极通过"农社对接"等方式稳固销售渠道，努力把成员合作社的产品以更少环节、更优价格销售出去；注重培育联合品牌，将成员合作社的农产品细分并进行差异化营销。营销型农民合作社联合社内部的各家合作社经营产品各异，生产要素也各不相同，故在生产环节较难达成一致的生产契约。而在农产品销售环节，不同的农产品集中销售可以实现营销上的规模效应和范围经济，而且为统一宣传、统一包装、统一品牌等提供了便利，也降低了营销成本。这种联合社的契约联结方式一般较为松散，每家合作社大多财务独立，统一的销售平台也需要外部力量（如政府或者有实力的企业）牵头组建。

产业链型。产业链型农民合作社联合社也称一体化联合社，是以农业企业牵头的农民合作社为核心，以产业链协作为手段，以提高链条整体市场响应能力和盈利水平为目的的纵向一体化联盟。产业链型农民合作社联合社一般具有以下特点：生产技术、管理方法、销售渠道等依托农业企业，企业牵头成立的合作社是组织核心；企业一般是农资生产商或农产品加工销售商，需要通过产业链上下游延伸来稳定农资销售或原料收购；产业链整体协作紧密，企业一般会派出专人协助生产运营，并提供原料、技术、销售等服务。产业链型农民合作社联合社多由农业企业牵头的农民合作社发起成立，加入的合作社属于产业链条上的基本组成单位。此类联合社内部的契约联结方式较为紧密，核心合作社与上下游合作社之间是互补型的利益联结方式，此种契约一旦形成，将极大地降低合作社之间的交易费用。但是，此种契约联结方式下，一旦核心合作社对上下游合作社进行了专用性投资，将极易产生"敲竹杠"风险。

综合型。综合型农民合作社联合社是以生产、生活社会化服务为纽带，以增强社区成员联系、提高区域经济活力为目标，通过资源整合而实现的一种区域性联盟。与前面三种农民合作社联合社相比，综合型农民合作社联合社既具有农民合作社的经济功能，又具有农村协会的社会功能。这类农民合作社联合社的特点是：植根于传统农村社区，成员分布的地域性很强，多以县、乡(镇)为边界；成员以本地区的各类合作社为主，并广泛吸纳农户、农业企业等主体加入；服务内容和形式灵活多样，经营范围会根据自身需要、社区需求和市场情况不断拓展；成员主要从联合社获得各类服务，而很少与联合社发生交易。联合社内部的合作社之间并非完全意义上的经济利益关系，经营此类联合社，需要具备奉献精神或企业家精神的农村能人参与。此种联合社内部契约关系的维持，除了上述三类联合社所具备的经济契约外，还需要一些诸如共同意志、道德约束之类的隐形契约，故综合型农民合作社联合社属于联合的高级形态，需要在具备一定的物质、文化、思想的基础上，在某个特殊的范围内实现。

（三）发展多种形式主体联合的成效

龙头带动，合理分工。以龙头企业为引领、家庭农场为基础、农民合作社为纽带，各成员具有明确的功能定位。与家庭农场相比，龙头企业管理层级多，生产监督成本较高，不宜直接从事农业生产，但在人才、技术、信息、资金等方面优势明显，适宜负责研发、加工和市场开拓。与龙头企业相比，合作社作为农民的互助性服务组织，在动员和组织农民生产方面具有天然的制度优势，而且在产中服务环节可以形成规模优势，主要负责农业社会化服务。家庭农场、种养大户拥有土地、劳动力以及一定的农业技能，主要负责农业生产。多种组织形式的联合互助共享，可以最大程度地实现共赢发展。

要素融通，稳定合作。长期稳定的合作关系和多元要素的相互融通，是与传统订单农业或"公司+农户"模式的重要区别。一方面，各方不仅通过合同契约实现产品交易的联结，更重要的是通过资金、技术、品牌、信息等融合渗透，实现"一盘棋"配置各类资源要素。另一方面，成员之间制定了共同章程，形成了对话机制，加之成员相对固定，相当于建立了一个长期稳定的联盟。这种制度安排增强了联合体成员的组织意识和合作意识，让各成员获得更强的身份认同感和归属感，有助于降低违约风险和交易成本。

产业增值，农民受益。联合体通过产业链条的延伸，提高了资源配置效率，从而具有了产业增值、农民受益的组织特征。各成员之间以及与普通农户之间必须建立稳定的利益联结机制，实现全产业链增值增效，使农民有更多获得感。

四、强化联农带农的社会责任

农业产业化化发展须着力构建"联得紧、带得稳、收益久"的长效机制，坚持强化带动效益与提升带动能力相结合，科学合理确定带动方式和受益程度，积极构建关系稳定、联结紧密、权责一致、利益共享、风险可控的联农带农机制，让农民分享产业链增值收益，为推进乡村全面振兴和实现共同富裕提供机制保障。

（一）强化联农带农的相关政策

农业产业化龙头企业是打造农业全产业链、构建现代乡村产业体系的中坚力量，是带动农民就业增收的重要主体。2021年，农业农村部印发《关于促进农业产业化龙头企业做大做强的意见》，强调"要坚持联农带农，增强龙头企业社会责任意识，发展多样化的联合与合作，完善与各类经营主体的联结机制，积极投身乡村振兴'万企兴万村'活动，把产业链实体更多留在县域，把就业岗位和产业链增值收益更多留给农民，促进共同富裕"。要引导龙头企业牵头组建农业产业化联合体，巩固契约式、推广分红式、完善股权式利益联结机制，带动农民就业增收致富，激发乡村产业发展新活力。

2024年，农业农村部印发《关于落实中共中央国务院关于学习运用"千村示范、万村整治"工程经验有力有效推进乡村全面振兴工作部署的实施意见》（农发〔2024〕1号），指出健全联农带农益农机制，培育农业产业化联合体，将新型农业经营主体和涉农企业扶持政策与带动农户增收挂钩，把产业增值收益更多留给农民。

（二）联农带农的实践模式

党的十八大以来，各地区各部门积极探索联农带农机制，大力发展龙头企业、合作社等新型农业经营主体，全国近400万家家庭农场、221.2万家农民合作社，带动农民、连接市场、引领发展；107万个组织开展社会化服务，服务小农户9 100多万户；市级以上龙头企业带动稳定就业1 400多万人，促进农民就业增收。农业农村部于2022年公布了一批联农带农先进企业名单和典型案例，总结了统一服务带动标准化经营、股份合作共享发展成果、金融创新支持高质量发展、村企协同共促脱贫致富、业态创新引领就业创业5种联结模式。

1.统一服务带动标准化经营联结模式

统一服务带动标准化经营联结模式，是通过龙头企业或农业产业化联合体为农户等经营主体提供产业环节内、产业链条间的社会化服务，实现标准化种养、规模化经营、产业化分工，借助全产业链的组织优势、规模优势、成本优势、分工优势，构建多环节、多链条的联农带农机制。

该模式的主要特征：龙头企业根据自身需求，在生产等领域创设一批标准化作业标准、操作规范和工艺流程，并通过技术培训、农机作业、农资供应等方式的社会化服务，帮助农户采取标准化生产模式，实现以服务联带农户、以服务联结生产、以服务联动产业。借助全产业链社会化服务，龙头企业帮助农民解决技术性问题，推动农户规范化生产、企业组织化购销、主体产业化分工，实现联农带农与产业发展内在促进、有机融合。一方面，可以大大降低全产业链价格、产量、销售的不确定性等自然和市场风险；另一方面，能够帮助包括农民在内的全产业链主体获得数量有规模、质量有保障、服务够及时的稳定货源和便捷服务，确保合理有序的产业分工和供应链完整闭合，助力联农带农机制在产业内部、链条之间、三产融合中促进农民便利生产、便捷就业、多元增收。

2.股份合作共享发展成果联结模式

股份合作共享发展成果联结模式，是农民以土地经营权、大棚圈舍和农机渔船等生产生活设施、劳动力以及自有资金等要素和资产入股龙头企业、农业产业化联合体或园区基地，参与农业全产业链经营，获得相应分红收入，实现成果和收益共享。

该模式的突出特点：将现代企业股份制引入特色产业发展，通过入股分红将农民要素资产与企业经营发展联为一体，使农户与企业成为休戚与共的命运共同体，实现共赢。农民与企业之间不再是简单的购销关系、合作关系、临时关系，而是资产深度联结、收益紧密捆绑、分配事关你我、发展荣辱与共的利益共同体。一方面，农民借助要素资产入股企业，推动资金变股金、资源变资产、农民变股民，实现经营就业多样性、收入来源多元化；另一方面，企业通过要素入股将农民带入产业环节、引入产业链条、融入产业融合，将资源整合进产业之中，将要素注入产业发展，将收益让渡农民，实现小农户与现代农业有机衔接的方式多元化、渠道多样化、收益共享化、联结深度化，在要素收益共享中实现产业增效和农民增收。

3.金融创新支持高质量发展联结模式

金融创新支持高质量发展联结模式，通过龙头企业发挥在产业链中的关键作用，利用现代化的数字、信息技术，构建完整的信用体系和风险防控体系，积极对接银行、保险、担保等金融机构，共同为农户提供资金担保、设立发展基金、发放信用贷款，帮助农户扩大融资渠道、创新融资方式、降低融资成本，提高农户高质量发展能力。

该模式的联农带农效果：一方面，农户获得了更加顺畅的产品销售、资金变现和交易结算方式，能够有效规避价格波动对收入造成的不利影响；另一方面，通过龙头企业带动，金融机构与农户建立了更加密切的联系，运营成本和经营风险更加可控；同时，农户的信用记录更加健全、融资渠道更加多元，扩大生产规模、创新经营模式面临的融资难、融资贵问题能够得到有效缓解，农户能够以更灵活、更多样的形式参与现代农业发展。粮食银行是该模式的一个典型创新，它将金融理念引入粮食购销环节，不仅可以解决购销企业流动资金占用问题，还可以让农民对产品变现有更多价格选择，实现农民和企业的双赢。粮食银行的创设，巧妙解决了粮食收购、存储、销售、加工过程中的货物调配、兑付时差、以粮易物、财物结算等问题，提高了企业购销货源、农户财物兑换的便利性，缓解了产品和现金交割压力，减少了贷款利息支出，做大了农户与企业的共有"蛋糕"。

4.村企协同共促脱贫致富联结模式

村企协同共促脱贫致富联结模式，通过龙头企业与贫困村村集体开展全方位的经营合作，将村集体经济组织成立的合作社嵌入农业产业化过程中，注入稀缺要素、优化资源配置、引入市场活力，为贫困村建立产业基础，实现村企深度联合，带动全体村民分享农业产业化发展红利，实现脱贫致富。

该模式的突出特点：龙头企业和村集体直接对接，村集体通过整合村组土地、设施、环境、生态等资源，将生产要素融入企业经营，企业借助要素资源的优势，节约规模要素搜寻成本，加速形成规模经营所必需的要素整合，实现企业经营的要素集约、成本节约与关系理顺。有些企业负责人还担任村党支部书记或村致富带头人，一边发展企业，一边联结村集体，帮助村集体通过开发资源要素价值，培育特色产业，推进产业融合，以集体资源资产参与的形式，带动农户借势村企协同发展，融入现代农业。一方面，农户不必依靠亲自经营即可分享农业产业化发展的红利，节省出来的时间和劳动力可以外出务工，获取工资性收入；另一方面，通过开发村集体资源要素、提升集体资源资产价值，切实保障了农民合法享受集体资源资产收益的权利。

5.业态创新引领就业创业联结模式

业态创新引领就业创业联结模式，通过龙头企业发展生产、加工、流通、电商、观光、文化、生产性服务业、生活性服务业等，带动基地周边农户围绕产业链条延伸配套服务，实现创业带就业，让农户逐渐成长为乡村新业态新模式的创业者、从业者，成为乡村特色产业发展的生力军。各地新产业新业态蓬勃兴起，成为农民增收致富的重要渠道，但很多农民苦于缺乏资金、经验、技术等原始积累，缺少参与并分享新产业新业态发展的机会。通过业态创新引领就业创业联结模式，龙头企业能够带动农户更好参与产业链条延伸和新产业新业态发展。

该模式的联农带农效果：一方面，龙头企业将产业链更多地留在产地、留在农村，乡村地区可以产生更多非农就业岗位，农民可以在家门口就业，收入渠道更广了；另一方面，通过龙头企业的平台搭建、示范带动、技术培训、创业孵化等，农民管理能力和经营水平迅速提高，创业能力显著增强，有能力围绕产业链发展初加工、物流运输、门店加盟、直播销售、农家乐以及民宿等，加快致富步伐。

五、担当践行大农业观的历史使命

2015年12月，中央农村工作会议明确提出"树立大农业、大食物观念"。2017年12月，习近平总书记在中央农村工作会议上进一步强调"树立大农业观、大食物观"。2023年12月，中央农村工作会议传达学习了习近平总书记对"三农"工作的重要指示，强调"要树立大农业观、大食物观，农林牧渔并举，构建多元化食物供给体系"。

从大农业观念到大农业观，反映了农业发展理念的不断深化和拓展。大农业观超越了单纯的耕地生产和一产的范畴，要求推动粮经饲统筹、农林牧渔并举、种养加一体、产加供销贯通、一二三产业融合发展，旨在把农业建成现代化大产业。区别于主要集中在耕地经营的单一、平面的传统小农业，大农业是朝着多功能、开放式、综合性方向发展的立体农业。大农业观不仅关注农业的生产，还关注产前、产后一系列的农业产业链活动。大农业观要求将农业产业链加长、加宽，增加农业附加值，有利于推动农业供给侧结构性改革，形成同市场需求更相适应、同资源承载力更相匹配的现代农业生产结构和区域布局，从而为增加农民收入夯实产业链基础。

在新发展阶段，必须牢固树立大农业观，加快构建符合现代化大农业发展需要的大资源、大产业、大生态、大空间格局。大农业观要求立足国情农情，体现中国特色，把农业建成现代化大产业，这与农业强国建设目标非常吻合。农业经营主体要通过打造供给保障强、科技装备强、经营体系强、产业韧性强、竞争能力强的现代农业体系，为建设农业强国不断提供动能。

第一，构建现代农业产业体系。在确保粮食安全的前提下，搞好农业综合开发，构建高质高效的多元化食物供给体系；顺应产业发展规律，开发农业多种功能和乡村多元价值，推动农业从种养环节向农产品加工流通等二三产业延伸，培育乡村新产业新业态，发展乡村特色产业，推动农文旅融合和农村一二三产业融合发展，提升乡村产业发展水平；健全产业链、打造供应链、提升价值链，拓展农业发展空间，提高农业综合效益；坚持产业兴农、质量兴农、绿色兴农，发展适合大农业的多元农业科技，大力推进农业产业智能化、绿色化、融合化。

第二，优化现代农业区域布局。充分考虑不同地区的资源禀赋、生态环境、经济发展水平等因素，因地制宜、突出特色，合理确定农业发展定位。适当发展都市农业、设施农业，打造现代农业产业集群。通过提高农产品品质、建立品牌形象、发挥品牌联盟作用、利用数字经济、建立区域品牌、加强质量监管等途径，强化区域特色农业品牌建设。

第三，完善联农带农机制。大国小农是我国的基本国情农情，小农户依然是我国农业经营的主体，并且将会长期存在。树立大农业观不能排斥小农户，要通过社会化服务、多种经营等各类形式把小农和小规模生产经营纳入现代农业体系，发展具有包容性的现代农业。要注重发挥农业的多功能性，提高农业的社会、经济、文化价值，从而促进农民收入增加。

第四，培育适应现代化大产业的农业人才。大农业观要求农业产业人才不能仅仅局限在一产，也不能仅仅局限在某一专业领域，需要农业人才熟悉不同产业、不同业态、不同模式，同时具备跨界融合能力。农业产业人才培养，要从单一型农业产业人才培养向复合型产业人才培养发展，培训内容向全产业链延伸，不断加强乡村产业振兴带头人培育、高素质农民培训。①

① 任金政，龙文进.树立大农业观 把农业建成现代化大产业［N］光明日报，2023-12-22（10版）.

从种植花椒到花椒银行　联合体发展带农增收

凯扬农业开发有限公司（以下简称凯扬农业）成立于2013年4月，注册地址位于重庆市江津区，是一家集花椒生产、加工、科技、销售、文化、旅游为一体的综合性农业产业化国家重点龙头企业。拥有万吨青花椒加工厂，总占地面积230亩，总建筑面积5.3万米^2，总投资2亿多元，建成万吨青花椒生产线、花椒科技研究院、农技培训学校、花椒品比示范园、花椒博物馆等，并建有总容积达2.2万米^{3}可储存万吨干/鲜花椒的冷链冻库、现代化加工厂房与配套生产设备。

一、企业发展路径

凯扬农业所在江津区，自古以来种植花椒，最早人工花椒种植历史可追溯到14世纪。江津区在20世纪90年代起开始大规模种植花椒，逐步将花椒打造为农业发展的支柱产业，成为中国综合管理技术最为独特、单位面积产量最高、综合效益最好的"中国花椒之乡"。目前，江津区有22万农户家庭、61万农民从事花椒产业，占到全区农民总数的一半以上。作为当地规模较大的企业之一，凯扬农业以青花椒产业链纵向整合为核心，向产业链的上游和下游扩展，以共同获得利益为基础，通过签订合约、直接投资等方式将产业链上游和下游紧密连接起来，形成一条完整的纵向产业链。凯扬农业与农户、合作社、销售企业都有着紧密的联系，参与青花椒的生产、加工、销售各环节，减少了青花椒各产业主体在纵向环节中的交易成本，同时保证了青花椒产品品质。

（一）种植规范化、规模化

凯扬农业目前在青花椒种植方面主要有两种模式。一种模式是建立企业自身青花椒种植园，从育种到种植进行全链条规模化布局。一是建立良种育苗基地。在慈云镇流转土地200亩，建立大棚良种育苗基地，每年育苗上千万株。培育"江津无刺花椒苗"，逐步在全江津区55万亩花椒推广。二是在万吨青花椒加工厂建立花椒品比示范园133亩，从全国引进15个青红花椒品种进行对比试验、提纯复壮。三是在嘉平紫荆村、西湖白燕村、慈云聊月村、石门百坪村打造总面积超3万亩的绿色标准花椒种植基地，与村社农户实行"四统一"（即统一用肥、统一打药、统一采摘时间、统一质量标准）的标准化生产，其中花椒苗、肥料、农药由凯扬农业直接提供，保证了花椒种植的标准化和规范化。目前，凯扬农业已建成230亩优质青花椒种植园，分布在先锋、油溪、德感、白沙镇，每个

花椒规模化种植

镇上的种植园管理工作由凯扬农业直接负责，普通工作人员是在当地镇上招聘的季节性工人，工资按天计算。每年春季凯扬农业会举办技术培训班，在每个镇上对工作人员和当地的椒农进行剪枝、施肥、挂果相关培训。

另一种模式是通过合作社与农户开展订单种植。江津区基本上每个镇都种植花椒，凯扬农业在未开设基地的镇上会采取签订订单合同的方式来获取青花椒。利用合作社作为公司和农户之间的桥梁，与镇上种植青花椒较多的农户进行签约，合同约定各种规格青花椒的价钱及交付日期，并且会提前支付一部分定金给农户，帮助农户资金周转。同时，农户如果购买凯扬农业生产的青花椒苗，可享受优惠。

（二）精深加工

凯扬农业建有保鲜花椒、花椒油、干花椒、花椒精油、花椒粉生产线和干花椒色选线，通过对花椒冷链冻库进行标准化智能化升级，实现

花椒预处理

效能和效益提升、用工和成本下降的"二升二降"效果。2018年，收购鲜椒4 523吨，生产"骄麻佬"保鲜花椒10万箱（折合重量2 200吨），花椒/藤椒油820吨（折鲜椒980吨），干花椒200吨（折鲜椒1 100吨），花椒调味料酒8吨，芳香精油5.75吨，青花椒粉10吨，销售收入1.23亿元。2019年，公司以自动化智能化设备代替人工实现机器换人，对真空包装机、炼油设备进行改造，扩大收购，精心加工，加强营销；收购、加工花椒7 605吨，销售收入1.51亿元。2020年，公司通过增设智能温控花椒烘干机、双层履带式色选机等设备，进一步加大收购力度，拓展市场渠道，全年完成收购、加工、销售干鲜花椒1.8万吨，销售收入1.69亿元。

（三）科技研发及市场开拓

凯扬农业将产品研发与市场需求相结合，加大投资力度，在市场站稳脚跟。

加大科技投入。投入700万元改造数字化车间，新增2条生产线，年产能增加2 000吨，在加工环节实现了从以人为主到以机器为主的转变，工人数量只有原来的三分之一，规避了工人在品控、灌表、打包等方面把关的随意性。注资1 200万元成立了重庆凯扬农业科技研究院有限公司，与西南大学、重庆工业职业技术学院、重庆市农业科学院农业机械研究所、重庆市日用化学工业研究所等院校和科研单位展开广泛深入的合作，签署技术合作协议，以提升产品品质、掌握核心技术。同时，凯扬农业也是重庆市农业农村委员会调味品产业技术体系调味品贮藏加工技术工业化转化推广应用示范江津推广试验站站长单位。目前，已获得实用新型专利证书8项，申报发明专利2项，成功研发花椒自动化采摘机。花椒品比示范园已引种10余个外地品种，对比效果较好，"九叶青"品种能在一年内开花挂果。西南大学项目课题组将在调味品产业技术体系下，在凯扬农业设置样本检测站，针对江津花椒农残、重金属、黄曲霉素等指标设置数据库，为江津花椒品牌打造提供数据支撑。

开发新产品。自投产以来，凯扬农业共推出花椒油、花椒调味液、

花椒油检测

花椒粉、干花椒、保鲜花椒、花椒礼盒、花椒芳香精油七大类25小类"骄麻佬"牌花椒制品。凯扬农业以科技含量高、产品附加值高、具有鲜明特色和良好市场前景的日用化工产品、医药保健产品为主要研发方向，与西南大学食品科学学院签订了花椒系列产品加工技术研究、开发协议，开发了花椒芳香精油、花椒精油除螨皂、花椒料酒等新产品。

　　强化销售。一方面，大力推进线上销售，在淘宝、阿里巴巴、天猫等各大线上平台作推广、直播宣传；重新设计了全品类产品包装。另一方面，积极参加重庆市政府组织的"糖酒会"、中国西部（重庆）国际农产品交易会、全国糖酒商品交易会、江津区富硒美食文化节等会展，宣传花椒产品，推广"骄麻佬"品牌。积极利用媒介树立品牌形象，在江习高速路刁家闸口设立了巨幅"骄麻佬"广告牌；中央电视台"美丽中国乡村行"的《麻香和乐游江津》栏目组、重庆电视台"改革开放四十周年特别节目"组、泰国泰华卫视（TCITV）均来凯扬农业取景，制作专题节目，《江津日报》《重庆日报》等以《江津"骄麻佬"花椒香飘万里》等为题，多次对凯扬农业进行宣传报道。采取产业互联网与消费互联网线上线下并举方针，依托一二三级批发市场，与统一集团、重庆市盐业（集团）有限公司、周黑鸭食品股份有限公司等合作，实现销售收入大幅增长。凯扬农业"骄麻佬"牌花椒系列产品已在北京、上海、重庆、成都、西安、广州、郑州、兰州、银川等地打开了市场，销量稳步增长。

（四）农文旅融合

凯扬农业不仅有青花椒种植和加工方面的业务，还开展了园区旅游参观、花椒特色餐饮和住宿；拥有江津区唯一一家花椒博物馆，集文化、旅游、餐饮于一身，极大地扩展了青花椒产业链的纵向深度。每年接待游客参观、餐饮、住宿2 000余次。

二、联合体发展促农增收

（一）"花椒银行"带农增收

凯扬农业提出了"花椒银行"的设想，先把椒农的花椒用冻库储存起来，等价格回升时再销售。2020年，凯扬农业代储的800余吨干花椒涉及花椒公司、合作社、种植大户18家（个）。

具体做法：先以当日市场价格作为保底协议价格收储椒农的干花椒，储存费用按100元/（吨·月）计收，企业合作单位优惠20%，公益性冻库享受半价优惠。出售时，销售价格等于收储价格的，凯扬农业不收取费用；销售价格低于收储价格的，凯扬农业补足差价，且不收取储存费；销售价格高于收储价格的，按销售价格扣除成本后，凯扬农业与椒农按4∶6进行分红。此外，为确保花椒存储的安全，凯扬农业还向保险公司投保，若农户存储的花椒受到损失，将按保底价格向保险公司索赔后予以补偿。

为保证花椒质量上佳，采购人员严格把控收购标准，对椒农的种植产品进行"公平制"样品抽检，不合格的产品直接打入"黑名单"，不再成为订购对象；同时，严格落实登记制度，标明原材料采购日期、批次、入库日期、入库位置等，建立起可追溯的质量保障体系。

花椒入库

（二）联合体发展带动农户增收

按照"企业＋基地＋农户＋标准化"模式，推行"合同种植、订单回收"经营策略，凯扬农业与花椒种植农户紧密合作、加强利益联结。凯扬农业以专家服务团和各级科技服务机构为主体，积极构建起科技服务网络，以田间学校、知识课堂为平台，向农户提供技术咨询、技术承包、专家授课、专项培训等多样化服务，逐步培育起一支具有市场意识、懂经营、会管理、有技术的高素质农民产业带头人队伍。同时，通过吸纳周边农区居民和农户就业，先后吸纳近300人就业，增加了当地农民收入。凯扬农业在4个镇的4个村打造总面积超3万亩的花椒种植基地，按照"四统一"的要求，对花椒林进行种植、管护和采收，既保证了优质花椒原料，又为当地椒农增加了收入。

2019年5月，牵头成立重庆市江津区花椒产业化联合体，成员队伍不断壮大，截至2022年，共计吸纳成员单位44个，其中花椒种植专业合作社25家、加工企业13家、家庭农场1家、村民委员会5个，经营土地面积10万亩，集花椒种植、加工、销售、研发、文旅为一体，带动一二三产业融合发展，直接带动江津10万亩、8 100余户农户发展花椒产业，带动农户增收1.57亿元。

2020年起，投资开展"花椒银行"项目建设，建成后的"花椒银行"公益性冷链仓储库房提供代收、代储服务，实现淡储旺销，随存随取，方便产销，提高效益，为花椒产业化联合体成员单位、合作社、企业、农户等解决花椒的收购、加工、存贮、销售问题。

（三）"文化+旅游"撬动花椒产业发展

2017年，江津花椒博物馆在凯扬农业建成，这是重庆市江津区乃至全市首家花椒博物馆。江津花椒博物馆建筑面积1 211米^2、总投资724万元，馆陈分为花椒史实厅、影视厅、产品展销厅三大功能区域。其中，序厅展示了《江津花椒赋》，花椒史实厅细分为花椒之源、花椒之骄、花椒之趣、花椒之光四个主题展区，影视厅用于播放花椒发展专题片、花椒微电影等影像资料，产品展销厅用于展示投产的各种花椒深加工产品等。整个博物馆集科研、技术培训、实物展示、多媒体展示为一体，精心呈现了一部立体、系统的江津花椒发展史。该博物馆建成投用以来，先后吸引广东、四川、贵州等地游客和花椒技术人员前来参观。

三、基本经验与启示

（一）构建利益联结机制

建立健全产业融合发展利益联结机制，让椒农分享更多产业增值收益。支持农民合作经济组织开展技术推广、基地托管、代耕代种、统防统治、采收烘烤等社会化服务，为一家一户提供全程社会化服务；鼓励发展农业产业化龙头企业带动、农民合作社和家庭农场跟进、小农户参与的农业产业化联合体，实现优势互补、风险共担、利益共享；引导企业与农民合作社、农户联合建设原料基地、加工车间等，把与花椒产业相关的二三产业尽量留在农村，把花椒产业链的增值收益、就业岗位尽量留给农民，实现加工在镇、基地在村、增收在户。引导花椒企业与小农户建立契约型、分红型、股权型等利益联结方式，把利益分配重点向产业链上游倾斜，促进农民持续增收。

（二）健全风险防范机制

支持成立花椒自然灾害风险评估机构，帮助农户灾前防御和灾后自救。整合所有资源，建设统一稳定的投资机制，加大金融对中国花椒产业的支持力度，改进基地建设，增强抗风险能力；引入保险行业，降低经营风险。推进花椒安全体系建设，强化花椒产地环境检测，建立完善花椒产品质量监测检验体系，提高产品质量安全水平。大力推广中国花椒作为退耕还林、长期防治、水土保持（小流域管理）、水电站库区绿化、扶贫开发和农业综合发展等生态建设项目的首选树种，将生态效益与经济效益有机结合起来。

（三）建立花椒产业化联合体

现代农业产业化联合体是现代农业组织的创新。联合体内产业链和价值链上不同的新型农业经营主体，如龙头企业、专业大户、家庭农场、农民合作社和传统农户，通过签订不同阶段、不同合作内容的契约，形成要素连接、产业链接和利益联结的一体化紧密型生产经营联盟。凯扬农业牵头成立的花椒产业联合体，通过农户、合作社、企业的紧密合作与利益联结，实现了花椒产业的全产业链发展和一二三产业融合发展，在发展壮大地方特色产业、带动农户致富增收方面发挥了重要作用。

顺欣海洋渔业集团有限公司

从小木船到远洋渔业　深耕蓝色粮仓

顺欣海洋渔业集团有限公司（以下简称顺欣渔业）成立于2005年3月，注册资本3 500万元，是一家集海洋捕捞、水产养殖、水产品加工、冷链仓储物流、鱼粉和鱼油生产及休闲农业旅游于一体的农业产业化国家重点龙头企业。顺欣渔业位于阳江市阳西县，拥有得天独厚的港口资源和海洋经济发展优势。在阳江市着力打造粤港澳大湾区"蓝色粮仓"的背景下，阳西县大力发展现代海洋经济，推动建设全国最大国家级海洋牧场示范区，为顺欣渔业等海洋渔业公司未来发展提供了更加广阔的舞台。拥有广东省内第一家金枪鱼加工和超低温（−60～−50℃）冷库，冷库总容量约2万吨，2017年成为广东首家获得出口冻金枪鱼备案资质的生产企业；拥有养殖基地1万多亩，自有远海、远洋捕捞渔船22艘，分别在马来西亚、伊朗、莫桑比克设立远洋基地进行捕捞作业；建有3座水产品加工厂。当前集团现有员工1 000多人，其中固定职工700人，季节性临时工300多人。2023年顺欣渔业员工规模为647人，其中大专以上的各类水产加工专业技术人员和管理团队100多人。

一、企业发展历程

顺欣渔业目前建立了食品质量安全可追溯体系，实行加工—运输—销售全程"冷链"控制，且拥有国际先进的专业生产线及配套设备。生产的冻罗非鱼片、金枪鱼、金鲳鱼、南美白对虾等产品远销美国、欧盟、俄罗斯、日本、中东等国家和地区，年出口创汇达数千万美元。先后通过了HACCP认证、ISO 22000认证、ISO 9000认证、BAP认证等质量管理体系认证；通过了对美国、欧盟、俄罗斯及其他东南亚国家的注册出口；生产的"顺兴"牌罗非鱼片、冰虾仁获得"广东名牌产品"荣誉称号并享誉全国。顺欣渔业获得广东省农产品出口示范基地、广东省"菜篮子"基地、粤港澳大湾区"菜篮子"生产基地、粤港澳大湾区"菜篮子"产品加工企业、中国农产品食材供应链百强企业等荣誉称号。

（一）积累初始资金，成立渔业合作社

顺欣渔业创始人林织出生在阳西县织贡镇鸡㙟塮村。1985年以前，林织通过参与合股经营2艘80千瓦渔船逐渐积累了第一笔资金。1985年，林织与其林氏兄弟成立渔业合作社，开创发展海洋捕捞的新路，为进一步筹集资金打下了基础。

顺欣海洋渔业集团有限公司

1991年，新建造2艘154千瓦渔船。随后，全部渔船投入使用，所获盈利全部积累起来用于建造渔船、扩大生产规模。经过十年的发展，1991—2001年累计积攒和筹集资金2 500万元，新建造钢壳渔船25艘，总功率达到9 325千瓦。这些渔船投产后，取得了较高的经济效益，为进一步资金积累打下良好基础。

（二）升级作业工具，发展远洋捕捞

1998年以来，由于过去长时间的大量捕捞，近海捕捞业难以维持再生产，南海沿岸浅海渔业资源日益衰退，单位产量下降，渔获个体越来越小，优质鱼比例下降，捕捞生产效益甚微。林织经过充分思考和认真分析，认为要保持生产可持续发展，必须升级海洋作业工具、发展远洋捕捞。一是开展渔船更新改造。从1998年开始，将6艘木制渔船更新为钢壳渔船，并增大渔船功率，每艘船由原来的154千瓦增大到373千瓦，主机功率增大一倍。同时配套远程单边带对讲机、雷达、"三合一"海图机、测风机等先进仪器，提高了渔船闯外深海能力，生产效益大大提高。二是采用新网具，改变作业类型，发展深海流刺网作业。流刺网作业具有耗油少、成本低、渔获优等优点，通过作业调整，淘汰近海小功率围网渔船，渔船经济效益明显提高，渔船年产值最高达290万元、最低产值140万元。三是尝试开拓外海深海渔场，组织捕捞船队前往东海、南海海域，发展远洋捕捞，效益倍增。

（三）建立现代企业制度，创新经营体制

为巩固海洋捕捞产业发展，进一步完善产业结构，增强自身经济实力，2004年，林织筹备成立渔业公司，加强对海洋捕捞业务的规范化管理。2005年3月，阳西县顺兴海洋渔业有限公司正式挂牌（后更名为"广东顺欣海洋渔业集团有限公司"），建立起现代企业制度。为了进一步扩大生产规模，顺欣渔业建立起"公司＋渔船"的新型经营体制，这不仅能够让公司继续发展渔船，而且形成公司与渔民利益同享、风险共

担的双赢经营模式。顺欣渔业于2011年收购深圳市水湾远洋渔业有限公司，大力发展远洋捕捞，为从近海走向远洋迈出了坚实的一步。2023年，顺欣渔业共有远洋捕捞渔船26艘，遍及中东、非洲和太平洋海域开展捕捞作业；水产养殖面积超16万亩，水产总产量在全省各县（市、区）处于比较领先的地位；捕捞渔船从2艘发展到91艘，总功率2.2万千瓦。

（四）发展股份合作新模式，壮大渔船捕捞作业队伍

2008年，顺欣渔业与鸡峙埠村创新开展渔船股份制合作，有资金的渔民可以合作购买渔船，成为公司的股东，由公司统一运营、统一管理，获得收益后统一分红；没有资金的渔民签订上船务工合同，除了有基本工资和生活费的保障，服务至一定年限后将拥有渔船股份。通过渔船股份制合作，鸡峙埠村的船队由小变大，渔船从十几艘发展到143艘；由弱到强，从小渔船全部改为动力船、钢壳船和远洋渔船，捕捞作业由近海至远洋，范围遍布南海、东海及太平洋、大西洋海域。渔民的收入也水涨船高，部分农户每年分红收入可突破100万元。

顺欣渔业远洋捕捞船

（五）推动产业升级，延长渔业产业链

顺欣渔业在发展海洋捕捞生产的同时，注重抓好相关配套产业的发展，实现"一业为主，多种经营"推进渔业产业化发展步伐。一是开展跨省海上贸易。在浙江省舟山市注册成立广荣海洋渔业有限公司，投资近5 000万元给浙江等地130多艘渔船，每艘渔船投资最多50万元、最少5万元，为渔船代销渔货。二是利用该公司渔船长期在东海渔场生产、毗邻日本海域的有利条件，入户浙江省的60艘渔船挂靠浙江省舟山市兴业渔业公司，在海上将渔船捕捞的优质渔货直接运销日本，年交易额达1.5亿元。三是在省内沿海重点渔港建立水产品供销部，收购优质海产品，运销港澳和内地大都市。四是配套后勤企业。开办渔网加工厂一家，为渔船提供后勤保障服务，既及时解决渔船补给需要，又解决渔民及其子女就业问题。五是建设广东顺欣花样渔业集团有限公司，发展水产品深加工。总投资5亿多元的顺欣渔业水产品加工厂建成投产，厂房占地面积

顺欣渔业精加工车间

5.4 万米²，建筑面积 16 万米²，从事罗非鱼及海捕鱼类加工。2013 年购地 71.13 亩扩建分公司，建设鱼粉鱼油加工生产线、超低温冷库及金枪鱼加工生产线，延伸产业链。从此，顺欣渔业船队捕捞的水产品通过深加工出口提高产品附加值，公司逐步发展成为集捕捞、加工、销售于一体的经营实体，带动更多的渔民致富。

二、联合体发展带农增收

阳西县顺欣渔业产业化联合体自 2018 年初组建以来，依托国家级重点农业龙头企业顺欣渔业的带动，成员逐渐增加，现有农业企业 2 家、合作社成员 2 家，家庭农场成员 3 家、养殖农户有 120 个，实现户均增收 13.6 万元。联合体十分注重产业链的延伸、功能链的拓展，在发展海洋捕捞的同时，抓好相关配套产业的发展。按照"一业为主，多种经营"的理念，一产发展了水产养殖基地 12 000 多亩并建立远洋捕捞船队，二产发展了罗非鱼、金枪鱼以及其他水产品加工业务。此外，村集体通过土地流转，以土地入股的形式引进社会资本，与顺欣渔业合作发展休闲旅游农业。

（一）组建渔业产业化联合体，探索水产养殖合作新模式

阳西县顺欣渔业产业化联合体是以顺欣渔业为龙头，以广东丰洋农业发展有限公司、阳西县顺源水产养殖专业合作社、阳西县丰源渔业专业合作社为纽带，丰洋农庄、陈王来养殖场、林良敢养殖场以及王三有、林访、林关护、罗开、吴引、吴计有、林许声、林良美、林进形、谭明垦、吴土意、余明杰、陈土精等水产养殖大户为基础，各类经营主体分工明确、利益联结紧密的渔业经营组织联盟，旨在解决农户销售难、缺技术、产值低等难题。联合体承包鸡㙦塱村 3 000 多亩滩涂水域，投资 1 000 多万元进行道路、涵洞等基础设施建设，并进行标准化养殖生产改造。建设完成后，村民以劳动力入股，占有养殖基地的部分股份，探索

"资源变资产、村民变股民"村集体经济发展模式改革。具体包括以下两个方面。

第一，开展订单农业或合作养殖。在水产养殖方面，借助龙头企业出口能力强的优势，积极推行合作养殖或订单农业，并实行合同保价回收养殖基地所养殖的罗非鱼或其他水产品，保障了水产养殖户的收益。同时，联合体大力发展水产品加工和冷链物流仓储，促进海洋捕捞和水产养殖的协同发展。村民们也在顺欣渔业的扶持下大力发展水产养殖。鸡姆塭村养殖场星罗棋布，村里把原来5 300多亩的咸水围或承包或引进农业公司合作进行水产养殖。由此，村民占有养殖基地的部分股份，探索村集体"资源变资产、村民变股民"发展村级产业经济的改革。第二，投资基础设施带动农户发展。入股农户根据养殖收益，每年可获得7万～15万元不等的分红收入，远高于务工收入。

在顺欣渔业的带动下，联合体与村集体、村民开展水产养殖股份制合作，探索带动农户发展产业、增收致富的新模式。该种模式中，农业

顺欣渔业产业化联合体农户开展水产养殖

龙头企业立足在产业链的单一或多个环节优势，通过整合产业链上下游农民合作社、家庭农场、养殖大户等生产主体，牵头成立农业产业化联合体，带领成员参与全产业链分工协作，共享产业链增值收益，实现抱团发展。

（二）加强渔船股份制合作，促进渔民"三变"转型

顺欣渔业积极推行"公司＋渔船＋基地＋农户"的产业化经营模式，探索形成"风险共担，利益共享"的运营机制，辐射带动当地养殖户和渔民发展渔业生产，提高水产品的附加值，带动联合体内2家合作社、120户农户实现户均增收13.6万元，实现企业与农户双赢。2020年共带动全县4 400多户养殖户及渔民发展水产养殖和海洋捕捞，户年均增收4 600元，全年带动农户增收2 024万元以上。顺欣渔业发挥龙头企业在资金、技术、人才和市场信息等方面的优势，采用渔船股份制合作模式，发展海洋捕捞业。鸡𪨰墩村在顺欣渔业的带领下，率先进行渔船股份制合作模式的改革。渔民有资金的可以合作购买渔船，没有资金的也可签订上船务工合同，除了获得基本工资和生活费等保障，服务至一定年限后也将拥有渔船股份。正是由于有了渔船股份制合作的契机，鸡𪨰墩村的渔船全部改为了动力船、钢壳船和远洋渔船，捕捞作业范围遍布南海、东海及太平洋、大西洋海域，海洋捕捞业蓬勃发展起来。鸡𪨰墩村的船队也由小变大，由弱到强，捕捞作业由近海至远洋，发展到现今全村104户人家拥有143艘渔船。海洋捕捞业的迅猛发展，间接促进了渔网产业的发展。渔民与顺欣渔业采取渔船股份制合作，资金变股金，进行海洋捕捞合作；同时借助龙头企业的技术力量、海洋捕捞作业经验以及水产品加工、冷链物流仓储基地，全面发展海洋捕捞业这一优势特色产业。

（三）开发共建乡村旅游，丰富渔民收入来源

2017年8月，通过村企合作共建，以阳西县鸡𪨰墩村的自然景观为依

托，以生态保护为前提，结合浓厚的渔家氛围，打造休闲农业和乡村旅游项目。

阳西县鸡姆䃍村是一个半渔半农自然村，2022年全村拥有土地291亩，村庄占地面积76亩，村民104户约490人。由于大部分田地是盐碱地，土地贫瘠，村民耕种收入不高。随着海洋捕捞和水产养殖产业的迅猛发展，村民大多以海洋捕捞和水产养殖为主业。因此，土地丢荒情况较严重。鸡姆䃍村村集体把村民丢荒的土地集中起来，在不改变土地使用性质的前提下，积极探索农村土地流转的有效方式，促进各类分散闲置土地向发展休闲农业与乡村旅游的企业集中，优化生产要素组合，推进规模化、集约化经营。通过土地流转，以土地入股的形式引进社会资本，与顺欣渔业合作发展休闲旅游农业。村集体整合村民们闲置的盐碱地等资源，吸引顺欣渔业投资1 200多万元打造乡村旅游业，对盐碱地等进行改造开发，建设一批采摘观光、民宿、农家乐等休闲农业设施，以及渔家文化馆、民俗展示馆等渔家风情设施。2020年，鸡姆䃍村共迎来各地游客

阳西县鸡姆䃍村海之子雕像

50多万人次，年休闲旅游业收入近1 000万元，村集体获得分红30多万元，每户可获得收益2 000多元。

三、基本经验与启示

（一）开拓多样化联农合作，发展多元化产业布局

顺欣渔业产业规模的扩大得益于其联农合作体制的创新和多元化产业布局的发展。从最初成立渔业合作社，到"公司+渔船""渔船股份制合作"，再到成立产业化联合体，顺欣渔业的发展历程始终离不开与渔民的合作。多样化的联农合作形式是企业为适应不同发展阶段以及不同现实背景下的积极尝试，为合作双方达到共赢的目的打下了坚实基础。农业企业由于自身经营产业的特殊性，存在自身资金积累难度大、利润回报不确定性强等特点，很难吸引到条件要求较高的合作伙伴。但正是在这一特点下，农业企业的联农合作才变得更为重要。顺欣渔业开展的各种联农合作为企业生产规模的快速扩张做出了很大的贡献，大大降低了企业的固定资产投资和人力用工成本。顺欣渔业的多元化产业发展符合企业成长的一般性规律，从近海捕捞到远洋捕捞，再到水产品加工，不断扩展产业经营范围、扩大企业规模，打通了第一产业和第二产业链条，为企业发展提供了更多动力，同时也为农户经营方式和收入来源带来了多样化选择。

（二）探索村企合作新形式，拓宽合作产业边界

村企合作是鸡鸭塬村乡村旅游发展的重要基础，进一步打通一二三产业融合链条，实现了农业农村资源的充分利用。在该合作模式下，村集体整合村民们闲置的盐碱地等资源，以土地入股的形式获得分红，顺欣渔业投资打造乡村旅游业，对盐碱地等进行改造开发并建设休闲农业基础设施。村企合作形式是决定合作项目能否顺利开展的重要方面，是村集体和企业开展多元化合作的保障，需要针对不同合作内容创新合作

形式，协调好双方利益，实现合作共赢、可持续发展。顺欣渔业和鸡鸸塍村的合作不断拓宽产业边界，实现了渔业全产业链合作，拓宽了农户增收渠道。村企合作形式的不断创新，也将会为企业和农户实现共同收益带来越来越丰富的合作内容。

（三）助力农业经营主体合作，促进一二三产融合发展

当前，我国正处于经济社会发展转型期、全面深化改革攻坚期，也是农村综合改革的关键阶段。发展现代农业的制度基础是构建集约化、专业化、组织化和社会化相结合的新型经营体系，其核心是创新农业产业经营组织形式。顺欣渔业带动组建的渔业产业化联合体解决了龙头企业、农民合作社、家庭农场和养殖大户在要素、产业、利益合作上不紧密以及如何分享加工、流通等服务环节利润等问题。作为一种新型的组织联盟，渔业产业化联合体的成功实践证明，该组织形式下各经营主体均能从中获益。农业企业有了稳定的原料供应渠道，产品质量安全有了保障，家庭农场基本解决了技术、资金、市场、社会化服务等问题，合作社有了稳定的服务对象，几大主体以契约形式结成稳定的交易关系，建立紧密的要素连接、产业链接、利益联结，促进一二三产业融合发展，大大降低了风险，形成分工合作、优势互补、互惠互利的新型农业经营方式。可以说，渔业产业化联合体真正实现了从生产经营合作拓展到要素合作，从松散型合作走向紧密型合作，在相互博弈中实现利益最大化，是农业生产经营组织创新的成功范例。

蔬益园食品有限公司

"小巨人"的大担当　村企协作促共同富裕

　　湖南蔬益园食品有限公司（以下简称蔬益园）成立于2006年，立足湖南江永县"中国香芋之乡"地标资源优势，建有绿色食品科技示范基地1 960亩，现有员工220人，其中女员工182人，加工厂房2.6万米^2，年产值2.6亿元。共有鲜蔬类、休闲类、速冻类、特产类四个系列40余款产品，在以北京、上海、重庆、湖南、湖北、江西、广东、广西、四川为主销区的市场中占有率超过30.3%。注册商标"千家峒"，于2012年荣获湖南省著名商标。2020年荣获农业产业化国家重点龙头企业、湖南省"小巨人公司"等荣誉称号。

一、企业发展历程

　　蔬益园前身是董事长张四玲在2002年创立的江永县瑶家综合有限责任公司，自餐饮零售、食品制作加工和销售业务起步，历经近20年的探索与实践，建成一套以农业生产和加工为主体，以技术开发和研究应用为支撑的产学研一体化新型公司模式，在公司完整的科技创新系统、成熟的营销运作体系和专业的农产品安全质量管理团队的支撑下，强化了产业链条的垂直整合，同时使得以蔬菜种植加工为主的农业经济更具活力。

（一）初创期：下岗后的奋勇创业

　　1996年，张四玲的工作单位湖南省江永县饮食服务公司改制，32岁的她下岗了。张四玲下岗后的头半年独自一人在县城卖早餐，供应油茶和饺子。虽然生活有了保障，但"打游击"的经营方法不是长久之计。她酷爱厨艺，在岗时又曾向两位省级湘菜厨师学到几手绝活，因此总想开一个属于自己的店面。当听说某宾馆餐厅转手时，便与十多位下岗的姐妹承包了下来。她接手餐厅后，凭着吃苦耐劳的精神和敏锐的市场眼光，不仅推出许多新菜谱，还在服务和管理模式上大胆创新，并为服务员制作具有民族特色的服装，酒楼因此很快火了起来。凭借前期经营酒楼积累的资金，2002年10月21日，张四玲在永州市工商局登记注册了江永县瑶家综合有限责任公司，注册资本300万元，自任业务经理，主要经营餐饮零售、食品制作加工和销售等。

（二）起步期：江永特色农副产品开发有限公司的成立与发展

江永是"中国香柚之乡"和"中国香芋之乡"，盛产香姜、香米、香菇等多种江南名优水果和蔬菜。但长期以来，农民卖的是初级农产品，产品附加值低，守着"聚宝盆"却过着穷日子。2006年，张四玲在家人和下岗姐妹们的鼎力支持下，重新注册成立了江永特色农副产品开发有限公司，租了300亩地，在种植、加工环节采用新技术。如采用全新的虫害防治技术，在霜降时翻耕土壤冻死虫卵，配撒石灰消灭虫卵；投入20万元引进一条热杀菌线，既能利用84℃的高温杀菌，又能保证营养成分不流失。就这样，从酒店到小作坊再到规模化的食品加工公司，完成了华丽的转身。

为进一步解决加工过程中出现的问题，公司请县农业局的专家定期对与公司签订种植购销合同的农户进行技术培训。同时，对于按公司标准进行种植的农户，采取多种收益保护措施。如农产品滞销时，公司按保底价收购，畅销时，按市场价收购，解除农户的后顾之忧。在取得初步经济效益后，公司开始逐步扩大生产规模，通过土地流转的方式，承包农户土地700多亩用于建设智能化蔬菜生产基地，并为有意愿的失地农户提供就业岗位，一期工程投产建设后，安排就业人员200多人。

（三）发展期：规模的扩张与绿色农业项目的建设

2010年以来，公司积极推进项目和基地建设，陆续建设了6 000米²的厂房，不断扩大生产规模。其中，江永特色农副产品深加工建设项目是公司发展的重中之重，项目总投资达12 691万元，占地面积85.40亩，建成并投产15 000吨级的各类农副品深加工生产线2条、占地面积5 000米²的冷库1座、隧道速冻冷链生产线1条、乳酸酵菌腌制池36个，建成一级污水处理池1座。通过项目的实施和落地，有效推动了茶叶、蔬菜、肉制品、蜂蜜等农副产品的加工转化和产业升级，成为当地的"金字招牌"。

在发展过程中，公司将生产过程标准化、智能化、自动化、无菌化等先进技术应用到整个制造流程中。2016年建成拥有3 000吨冷库、10 000米²智能化标准厂房、3 000米²办公楼和宿舍楼、污水处理池等配套设施的第一期工程，并在当年8月正式投产运营。2016年10月，该项目获得湖南省食品药品监督管理局的生产许可，获得了方圆标志认证集

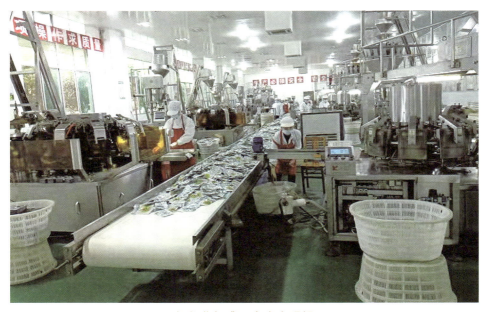

智能化标准厂房生产现场

团的产品认证，以及 ISO 22000 食品安全管理体系和 HACCP 认证。

除了扩大生产规模，公司还创建了绿色食品科技示范基地，进一步践行了"绿色农业、科技致富"的发展理念。该示范基地位于江永县千家峒瑶族乡，占地共计 1 960 亩，其中包括江永香芋、豆角等蔬菜种植区和科技示范区。在示范区，公司采用先进的技术手段，进行了多项科技示范内容，包括江永香芋、豆角种苗的提纯、复壮、脱毒等，引领农民合作社开展标准化、科技化的香芋、豆角生产。这些措施的实施，从根本上提升了当地蔬菜产业的整体水平与质量，所采用的先进技术手段和绿色农业理念，有效促进了农药和化肥减量，改善了土壤质量，促进了农业的可持续发展。

（四）成熟期：不断提高生产经营水平

2019年，江永特色农副产品开发有限公司正式更名为湖南蔬益园食品有限公司，标志着公司逐步走向成熟。在不断扩大市场份额、拓展业务范围的同时，蔬益园一直保持着对内部管理的高度关注和投入，通过

蔬益园食品有限公司

加强内部管理、提高生产力，不断迅速适应市场需求并快速扩张；积极探索新的市场与销售模式，通过拓展线上和线下的多方销售渠道，不断拓宽发展空间，开拓更广的市场。另外，蔬益园积极致力推动农业现代化建设，积极推进区域协作和农民专业合作社建设，着力打造以产业为导向、以农民收益为中心的发展模式，并将自身的经验和优势推广到农业生产中去，帮助农民提高生产效率和产业转型能力，共同促进地方农业的发展和社会经济的进步。

二、企业联农带农实践

蔬益园在发展过程中始终把联农带农放在重要位置。为促进农业现代化、减少农村贫困，蔬益园不断进行技术创新和实践探索，成为带动增收致富和接续推进乡村振兴的中坚力量。蔬益园采取"公司+基地+合作社+农户"模式带动农户，对于部分缺乏启动资金的低收入农户，以先垫付农资、种子、技术的订单收购方式，提供具有实际意义的针对性帮扶。

（一）探索村企协作模式，搭建联农带农平台

为强化联农带农效果，蔬益园不断探索村企协作生产经营模式，以建立和完善联农带农平台，提高农业现代化水平，增强联农带农成效。为此，公司针对强化与农户利益联结的目标，主要采取了以下三种合作模式。

工厂化种植管理模式。在这一模式下，农户将自己的土地流转给蔬益园进行规范管理，同时蔬益园雇佣农户在原有土地上开展标准化种植，以此获得更稳定的收益并提高生产效率。在生产过程中，蔬益园对规划的基地片区进行规范化种植管理，为种植户提供统一的种子并在耕种、施肥、防治等方面给予技术指导，对农户进行实地指导、技术培训，特别是针对文化水平不高、技术水平较低的农村妇女，提供免费技术指导、

上门技术服务，确保农户种得出高质量、高产量的产品，产生良好的经济效益。

利益链联合体模式。这是蔬益园与农民长期合作、共同打造的惠及双方的管理模式。在这种模式下，农民依然具有对农地的经营权，需要按统一要求展开种植，蔬益园提供技术指导并统一供应种苗，对订单农产品按不低于保底价进行回收。蔬益园在3个镇6个行政村建立了覆盖10 000余亩的种植基地，并与1 000多户农户签订农产品购销合同，开展利益链联合体模式合作。合同一经签订，蔬益园就会不折不扣地履行。例如在2016年全国农产品行情低迷时期，江永豆角市场价低至每千克0.8～1.2元，而蔬益园年前与农户签订的合同价格是每千克2元，为了保证合同效力和农户信任，蔬益园信守承诺，收购1 200多吨豆角，损失达100余万元，虽损失了资金，但却坚守了诚信，获得了信誉，让农民吃上了"定心丸"，订单种植户年年增多，实现了农民与蔬益园的双赢。利益

基地女党员协助留守妇女采收豆角

链联合体模式充分保障了广大小农户的种植收益，也让分散的抛荒农田价值得到了充分开发，不仅可以确保蔬益园从源头控制产品的品质，也可以让农民获得更多的利益，提高村集体的整体收入水平。

自由订单模式。这是蔬益园与农民之间最为灵活的合作模式。蔬益园提供采购订单，并免费为农户提供技术指导，而农户可以根据订单自由选择种植品种；凡是符合收购订单要求和生产需要的，蔬益园均按订单价格收购；如果市场价格好，农户也可以自由选择销售市场；这就充分保证了农户自由销售的灵活性，进一步提高了农户种植产品的收益水平。截至2023年，蔬益园已与江永县夏层铺、桃川、潇浦、松柏、上江圩、千家峒等6个乡镇的3 856户（其中原建档立卡贫困户2 820户）菜农签订蔬菜订单种植合同，带动湖南江华、道县、宁远、广西富川、恭城等县的30 000多户农户从事特色蔬菜杂粮种植、加工产业，户均年增收5 000多元。

（二）技术培训带动统一服务

以技术培训带动统一服务，是蔬益园联农带农行动的又一大特色。蔬益园重视提升农民的科学种植知识，不断举办技术讲座，致力提高农民的种植技能，从而帮助农民增加收入、实现增收致富。2019年以来，蔬益园已经开展了30余场公益性技术讲座。为了帮助农民掌握种植技术，蔬益园牵头成立了产业联盟，建立了田间学校，每年培训以香芋、香姜、豆角等种植为主的蔬菜种植农户12 000余人次，为全县培养出400多名种植能手、200名"土专家"，使村村有领头人，为乡村振兴提供了人才支撑。

（三）培育高素质农村女性人才队伍

蔬益园十分注重回乡创业妇女和农村留守妇女的就业，加大针对这一群体的技术培训投入，通过建设田间学校，把技术直接传授到田间地头，给她们提供更加便捷的学习平台。每年，蔬益园培训回乡创业妇女

蔬益园基地种植技术交流暨 2023 年蔬菜种植动员大会

及农村留守妇女高达5 000余人次，技术培训得到了广泛的认可，产生了较好的培训效果。

此外，蔬益园还创新举办了种植经验交流大会，让获得丰产、丰收的农户和妇女种植能手作典型发言，使得成功的种植经验得以分享，使其他农户和妇女得到更多的启示和帮助，能够更好地管理自己的农场。这样的交流大会成功将农民、公司和政府三方面紧密融合在一起，形成了良性的互动机制，有效地推动了乡村产业的健康发展，实现了户帮户、村帮村。

（四）积极承担社会责任，践行公益扶贫

"要想富，先修路"，这句话不仅是农民心中的真实感受，也是实现农业现代化的必要过程。蔬益园从基地建设出发，为乡村基础设施建设做出了巨大的贡献。蔬益园投资100多万元，在全国农业开发项目的整体

框架下，在基地所在村进一步新建村道、机耕道8 000多米，对于解决当地交通不便的问题、方便农民出行、提高基地的生产效率具有重要意义。在基础设施建设的基础上，蔬益园新修和维修排灌水渠5 000多米，进一步完善了基地的灌溉和排水系统，对于加强土地利用、提高灌溉能力具有至关重要的作用。

此外，蔬益园一直十分注重公益事业的发展，不断增加公益事业的投入，勇于承担社会责任，展示了良好的社会形象。先后捐资10多万元帮助山区妇女儿童、灾区群众，同时积极出资捐助敬老扶弱、架桥修路等公益慈善活动。为自发组建的老人舞蹈队捐赠1万多元，用于添置必需物品，为老人们营造快乐、健康的环境。这些善举不仅解决了当地百姓的燃眉之急，也彰显了蔬益园强烈的社会责任感、担当精神和人文关怀。

蔬益园支援灾区物资运送现场

三、基本经验与启示

蔬益园的成长经历与联农带农举措虽不免有其偶然性和特殊性，但从其成长发展之路仍不难窥见一些值得其他农业企业借鉴的重要经验，其农业产业化发展的启示对于其他农业企业推进农业现代化和乡村振兴也有独特借鉴意义。

（一）立足本土、因地制宜是农业产业化发展的重要原则

作为一家专营特色食品加工的现代化农业企业，蔬益园从特色餐馆起步，到成长为餐饮服务与食品加工销售结合的新兴企业，再发展为如今的食品加工龙头企业，其起步和发展始终扎根于湖南永州本土，以江永县特色农产品资源为发展基础，通过对香芋、香姜、豆角等特色农产品品牌价值的充分挖掘与食用价值的充分开发，实现了自身的飞跃和发展。可以说，蔬益园的成功，不仅仅在于其成功的经营战略，同样也建立在江永县特色农产品得天独厚的资源优势之上。因此，立足本土，因地制宜，充分发挥当地的资源优势，是农业龙头企业成长的捷径，也是农业产业化发展的重要原则。

从事农业产业要善于发掘当地特色资源。充分把握好"特产关"是农业企业在激烈的市场竞争中脱颖而出的重要环节。立足本土，坚持因地制宜发展特色产业，具有多方面重大意义。第一，地域优势是农业企业竞争力的重要组成部分。每个地区都有独特的自然条件和文化传统，这些因素会影响农产品的生长和品质。挖掘当地特色资源，选择适应当地环境、历史文化特点的农作物或养殖品种，有助于建立农业企业自身的农产品品牌形象，提高市场认知度。第二，适应当地资源的农作物种植或畜禽、水产养殖，可以减少对外来资源的依赖，从而降低生产成本。农作物在自身适宜的环境下生长，不需要过多的人工干预和投入，能够有效节约资源，提高经济效益。第三，充分挖掘当地特色资源，必然离

不开与当地农民和合作伙伴密切合作，这就有助于农业企业建立相对完整的产业链条，当地农民可以借此获得更多的就业机会，同时提高农产品的产量和销售额，为地方经济发展和农民增收致富带来持续动力。第四，当地特色资源往往与地方历史、文化和传统紧密相连。通过挖掘这些资源，农业企业有机会将地方文化和传统融入产品的设计和营销中，为产品赋予独特的文化内涵，增加产品的文化吸引力。

（二）绿色生产是农业产业化发展的根本途径

纵观蔬益园的发展历程，贯穿其中的核心理念就是坚持绿色生产，为客户生产绿色、健康的食品始终是蔬益园的核心价值观所在。实际上，绿色生产不仅仅是蔬益园的鲜明优势，也是大部分农业龙头企业应当实现的重要目标。农业产业化的发展离不开优势品牌的塑造与消费者口碑的培育。在我国人均收入逐渐提高、消费不断升级、多样化消费需求不断涌现的今天，坚持生产环节的绿色无公害，保障好消费者的餐桌安全，对于品牌的塑造和农业产业附加值的提升具有关键意义。

（三）诚信和契约精神是农业产业化龙头企业联农带农的重要催化剂

张四玲作为农民出身，深知农业生产和农民生活的不易，从创办江永农副产品开发有限公司起，就坚持不懈地扎根农村，与当地农民利益共享、风险共担。在2016年全国农产品行情低迷时期，蔬益园抗着巨大亏损风险和压力，坚持按协定价格尽数收购农户生产的豆角；在2018年香芋销售不畅的关头，也积极筹措资金，兑现"决不让芋农的劳动成果付诸东流"的诺言。正因为坚守诚信，蔬益园才能得到广大农户的信任，使广大农户在自身预期收益得到蔬益园诚信背书的前提下，与蔬益园放心展开合作，从而实现蔬益园产业规模在短期内得到快速发展、联农带农成效快速增强。

农业企业在联农带农过程中应坚守诚信和契约精神，密切与农户的利益联结。首先，坚守诚信，注重契约，是防止企业与农户间不信任问题出现、最大限度降低交易成本、增强联农带农成效的关键。只有确立起在任何情况都能履行契约的诚信形象，建立起诚信的信任基础，农业企业才能与农民紧密联结、合作共赢。其次，诚信经营直接保障了农民的利益。农业生产受天气、市场等因素的影响较大，农户往往面临风险和不确定性。农业企业作为交易契约中占据资本、市场优势地位的一方，不能因市场波动而违背契约，而应坚守诚信和契约精神，充分考虑农民的利益，与农户共担风险，保障农民的权益。只有这样，农业企业才能够与农民建立稳定的合作关系，提高农产品产销效率，实现共赢。

汇达柠檬科技集团有限公司

小柠檬铸就大产业

汇达柠檬科技集团有限公司（以下简称汇达柠檬）成立于2007年，总部位于重庆市潼南区工业园，是专注柠檬种植、研发、加工、销售于一体的农业产业化重点龙头企业。截至2020年，汇达柠檬已投资7亿多元建成年深加工柠檬20万余吨的产业链，年产值30亿元以上，建有柠檬标准化种植基地10 000多亩，成立国内第一家柠檬深加工工程技术中心，采用冷冻干燥、生物提取、真空浓缩、无菌灌装、超微破壁等现代工艺技术；累计投入自有科技研发资金达1.3亿元，围绕柠檬种植、柠檬果皮、柠檬果汁、柠檬果渣、柠檬果籽、柠檬花、柠檬叶等进行精深开发利用，拥有国家专利20余项，自主研发柠檬精深加工技术300余项。目前已开发研制涵盖柠檬饮料、柠檬食品、柠檬化妆品、柠檬保健品四大类400余种产品。

一、企业发展路径

汇达柠檬所在重庆市潼南区，小小的柠檬已经发展成了大产业。2020年，重庆柠檬产业群成为农业农村部、财政部批准建设的50个优势特色产业群之一；2021年，潼南柠檬种植面积32万亩、产量28万吨，培育柠檬加工企业27家、新型经营主体340个，研发柠檬系列产品350余种，综合产值50亿元，助力5万余农民增收致富。潼南柠檬之所以能够在近几年得到爆发式发展，使广大果农通过种植柠檬脱贫致富，当地柠檬生产、

汇达柠檬

加工龙头企业的引领带动起到了关键作用，汇达柠檬便是立足潼南本土发展壮大起来的中国柠檬产业领军品牌。

（一）严控产品质量

"质量是企业的生命"。汇达柠檬不断围绕种植、研发、采购、生产、放行、储存、售后等环节建立了严格的质量管控体系，坚持"四不"原则，即不购进不合格、不生产不合格、不转移不合格、不销售不合格，对产品质量进行高标准管理。一是生产绿色化。汇达柠檬从种植、研发、加工等生产环节开展绿色化、节能环保管控。持续加大高标准柠檬种植基地建设投入，基地全部采用绿色、低碳、生态的种植模式，实行良种脱毒三级繁育体系，从源头确保柠檬品质、产品安全；采用绿色、低碳、循环发展的种植机制，全面禁用高毒、高残留农药，推广"三化一控"（肥水一体化、机械化、智能化和绿色防控）种植技术。通过了全球良好农业操作规范（Global GAP）认证、绿色食品认证和清洁生产审核，高标准柠檬种植面积增加，扩大了森林覆盖率，营造了绿色乡村，实现环境友好型生产。二是加工标准化。基地建设按照国际柠檬标准化基地进行种植和管理，厂区按现代园林景观风格进行设计，封闭式现代化生产车间全部按照食品、药品生产车间的标准进行规划建设，设置在线实时监控及网络管理系统，对生产全过程实行标准化管控。三是监管常态化。采用自行监督和三方监督联合的方式，对基地种植、原材料采购、加工、生产、入库保存、销售等环节进行全程质量监管，建立标准化生产管控系统、建设追溯系统以及监控管理系统，让产品每个生产环节都有标准可依、有依据可查。

（二）重视品牌创建

打造品牌产品。汇达柠檬专注产品品牌效应，设计品牌标识，鲜果柠檬入选2017年度全国名特优新农产品目录，柠檬鲜果、柠檬即食片、柠檬蜜茶、柠檬蜜酱被评为重庆名牌农产品，大大提高了品牌影响力和企业知名度。

汇达柠檬罐装饮料生产作业

注重品牌宣传推广。加大对汇达柠檬品牌的宣传与推广，通过国内外博览会、展销会等平台提升企业品牌形象和影响力，积极参与中国自主品牌博览会、中国国际消费品博览会、中国西部国际投资贸易洽谈会等大型展销会，推介展示柠檬饮料、柠檬蜜茶、柠檬面膜、柠檬精油、柠檬料理汁等明星产品，培育壮大汇达柠檬品牌，提升市场竞争力。此外，汇达柠檬还参与赞助重庆国际马拉松、潼南国际半程马拉松、潼南国际柠檬节等大型赛事、节会活动。充分利用资源、抓住机遇，利用政府和公共媒体资源，不断提高汇达柠檬品牌曝光度，获得"巴味渝珍"集体商标使用授权，成为首批入驻"巴味渝珍"电商平台的企业之一；"潼南柠檬"获批国家地理标志商标；取得2017年度十佳放心年货证书和十大特产名片。

（三）拓宽营销渠道

市场决定生命力。汇达柠檬准确把握需求导向，积极融入成渝双城经济圈建设，抢抓"一带一路"、西部陆海新通道建设战略机遇，布局全球市场营销体系，依托重庆对外经贸（集团）有限公司，整合国际、国内市场资源，优化线上、线下营销网络，全方位适应国际国内双循环格局，打造国际柠檬交易中心，已建成汇达果业集团、汇达柠檬连锁超市、汇达柠檬电商城三大营销渠道，形成了覆盖30 000多家超市、便利店、餐饮店等领域的销售网络，产品市场实现了"买全球、卖全球、做全球"的发展目标。

推进电商销路。汇达柠檬将以电商为代表的线上销售作为挖掘国内消费市场需求的主攻方向，吹响了向三产进军的冲锋号。2016年，电商运营正式启动，在京东、阿里巴巴、天猫、淘宝等多个网络平台开设企业店。2018年汇达柠檬"双11"天猫旗舰店仅一天的销售额就达到了500多万元。同时，创建中国柠檬交易网、中国柠檬交易中心、汇达柠檬电商城。2020年初，汇达柠檬在杭州的电商运营中心正式启动运营，通过多渠道市场拓展，加上"潼掌柜"等直播带货线上业态的持续开发，汇达柠檬电商销量实现快速增长。同年10月，潼南渤海柠檬交易中心成立，推行产业电商P2C模式，为汇达柠檬电商发展提供了新的支持。交易中心通过柠檬生产模型预估产量，通过产能预售实现部分销售，推动未售部分进入仓库进行现货交易。2021年"汇达柠檬"App正式上线。

大力拓展国际市场。2017年，经过不懈努力，终于打开了俄罗斯市场，使汇达柠檬走出国门，登上了国际大舞台。2018年，在重庆对外经贸（集团）有限公司的帮助下，进一步拓宽了国际市场，完成了深加工产品的出口认证。此后，外销市场发展渠道不断开拓，柠檬生意逐步拓展到了印度尼西亚、马来西亚、菲律宾、新加坡和中东等31个国家和地区，2021年汇达柠檬国际贸易收入占总收入的72%。

建立全新的销售体系。除传统的铺货直销、经销商销售、电商网销、进出口贸易等销售方式，2021年成立全资子公司重庆天天供应链管理连锁有限公司，着力以直营店、合作店等形式，打造汇达柠檬全国连锁超

汇达柠檬赴俄参加第五届中国－俄罗斯博览会

市运营体系。汇达柠檬全国连锁超市以中高端小区为目标市场，以智能化系统为核心，通过直营店、加盟店、合作店等多种方式，利用社区属性，打造汇达柠檬连锁便利店营销模式，努力打通销售"最后一百米"，截至目前已经在川渝两地开设了16 000多家连锁超市。

（四）注重科技创新

重视人才队伍建设，加强校企科研合作。汇达柠檬将"质量求生存、科技求发展"作为企业的发展宗旨，高度重视科研人才队伍建设，高薪聘用专业人才，不断加大对科研的投入，每年科研投入达到销售总额的5%以上，科研人员占比超过10%，是国家高新技术企业和中国柠檬产业领军企业。积极开展与西南大学、四川农业大学、重庆三峡学院等科研院校深度合作，建科研平台、强科技攻关、抓推广应用。建成重庆柠檬工程技术中心、博士后工作站，推动产学研融合发展，完成柠檬科技创新中心升级改造，集成柠檬精深加工关键技术研究实验室、柠檬综合利

汇达柠檬产品研发

用及技术集成实验室、食品安全检测实验室及技术成果应用研究实验室四大核心功能区建设，建成并保持柠檬饮料、食品、化妆品、生物保健、保健食品等产品的研发实验条件及应用转化条件。

注重成果转化，产业链协同发展。汇达柠檬充分利用大数据、智能化，深度融合科技创新的力量，推出"花果同树、食药同源"理念，深挖柠檬价值，成立了国内第一家柠檬深加工工程技术中心。科技创新成功推动了汇达柠檬产业转型升级，不仅提高了生产原料的利用率，降低了生产成本，实现了环境友好型柠檬无废弃循环加工利用，而且带动产生了几倍甚至几十倍的产品附加价值，提高了企业整体盈利水平和能力。

二、村企合作联农带农增收

在发展过程中，汇达柠檬经过数次考察调研，深入群众，深入田间，因地制宜实施产业帮扶，探索出了多种联农带农模式，帮助企业发展及农户增收，取得了明显成效。

（一）"公司＋建卡贫困户"产业帮扶，全面促进建卡贫困户增收

2021年以前，为帮扶贫困户脱贫致富、实现稳定的产业增收，汇达柠檬采取"四个优先"措施对贫困户进行精准帮扶。一是优先流转贫困户土地。在自建基地时优先考虑流转建档立卡贫困户土地，每年按相应标准支付贫困户土地流转金。二是优先雇佣贫困户务工。在雇佣员工和季节性用工时，优先雇佣身体条件允许的贫困人口，增加贫困人口工资性收入。三是优先收购贫困户农产品。在签订柠檬收购订单时，优先选择与贫困户签订收购订单，通过签订保底价及高于市场价的收购协议，免去贫困户后顾之忧，同时提高贫困户种植积极性，进一步带动建档立卡贫困户增收。四是优先支持贫困户发展产业。对有产业发展意愿的贫困户，给予一定的资金资助，解决贫困户面临的产业发展经费缺乏问题，

潼南农户在柠檬基地种植作业

同时派遣技术人员为贫困户提供种植、管理等方面技术支持，提供长期跟踪指导。汇达柠檬在潼南区柏梓镇龙口村给予基地原建档立卡贫困户每户一亩可以自行种植柠檬的土地，即流转土地后，根据该村实际建档立卡贫困户户数，按每户1亩土地返还给他们自己种植；公司提供种苗、管护技术、肥料等，并帮助收购所产出的全部柠檬。

（二）"公司+农户"土地入股，增加农户财产性收入

汇达柠檬在潼南区崇龛镇张板村推行土地入股模式，与所有农民一起组织成立合作社，带动农户增收。农户以自有土地面积折算作价后将流转资金作为合作社股金，真正成为股民，参与合作社的生产与经营，彻底改变传统一次性支付土地流转费用的模式，以"保底+分红"模式促进农民增收。在第1～5年柠檬生长期，按照正常租地标准获取土地租金；第5～10年柠檬收益期，在原有土地租金基础上上涨30%；第10～15年增加50%，真正让农户手中的土地资源变资产，推进柠檬产业合作化进程。2023年，已有180余人享受到该模式带来的利益，获得汇达柠檬支付的土地租金17万多元。

（三）采用"公司＋基地＋合作社＋农户"模式，提高农户经营性收入

汇达柠檬通过直接投资、参股经营、签订长期合同等方式，建设标准化规模化原料生产基地，带动农户和农民合作社发展适度规模经营。同时，汇达柠檬成立了专门的柠檬技术服务公司，为柠檬苗木繁育、田间管理等环节提供技术支撑，有力地解决了农户在柠檬栽种、病虫害防治、采摘等方面的难题。合作社方式：汇达柠檬与农户联合成立合作社，由合作社将农民的土地集中流转统一种植，由公司先行出资支持合作社建设以及基地建设，并为合作社提供种植技术指导，定向对合作社产出的柠檬以溢价0.5%的价格进行收购，保证合作社收益，进而确保农户收益。农户订单合作方式：公司与种植户签订定向收购订单，对订单种植户设立保底价格以及高于市场价0.5%的收购价承诺，通过保底价格以及溢价收购协议让种植户无后顾之忧，提高农户收益，进一步带动农户增收。

（四）成立农业产业化联合体，全方位促进农户收入增长

2019年，汇达柠檬采取"加工企业＋合作社＋农户"三位一体的运作模式，牵头组建了潼南柠檬产业联合体，与产区专业合作社、种植大户签订保质收购合同，建立产品回购通道。这样一来，既可以统一种植标准，提升柠檬品质，又可以统一收购，解决农户和合作社的"卖果难"问题，同时也为企业生产原料供应提供了保障，推动柠檬产业的健康发展。联合体由汇达柠檬牵头，14家经营主体共同参与组建，涉及6个镇，辐射近100个村3 000户农户，涵盖柠檬基地10 000亩以上。在运行模式上，龙头企业主要承担优质柠檬加工和经营销售、生产规划和生产标准统一制定等职责，以优惠的价格向合作社提供技术指导，以高于市场的价格集中组织柠檬收购，并进行统一加工、仓储物流和市场销售等；种植主体（合作社、农业企业、家庭农场、种植大户等）上联龙头

企业，下接农户，起到中介纽带作用，为农户提供产前、产中、产后服务。种植主体按标准进行生产，向龙头企业提供安全可靠的农产品，并获得高于市场价格的收益；农资供应主体以优惠的价格向联合体内成员供应肥料、农药等生产物资；金融部门降低门槛为成员提供一定的资金支持，解决成员短期资金紧缺问题；社会化服务组织按标准优先向联合体成员提供农业生产社会化服务。2020年，张板村柠檬种植合作社当年种植1 300多亩柠檬，产量10多万千克，加入产业联合体后，合作社柠檬收入超过60万元，平均每户农户收入超过2万元。截至2021年底，潼南区已有20多家合作社加入产业联合体。

三、基本经验与启示

（一）构建"共生多赢"机制，完善利益联结机制

汇达柠檬的成功经验揭示了"共生多赢"机制在农业产业化进程中的重要地位，即多元主体围绕柠檬产业发展互利共生，同时带动当地生态效益、经济效益和社会效益。汇达柠檬不断挖掘乡土资源，以潼南优质柠檬为依托，利用地域资源优势，合理开发培育柠檬产业，推动全产业链发展，实现区域产业带动。通过构建农民合作社、自建柠檬种植基地、农户托管、订单农业等多种模式，实现了公司与农户、地方政府之间的利益联结，建立起各方资源共享的利益共同体。这种机制在提高企业经济效益的同时，提升了农户的收入水平，推动了地方经济的发展。因此，完善利益联结机制，构建"共生多赢"的发展机制，可以为农业产业化提供新的发展路径。

（二）加强品牌建设，畅通农产品销售

农业品牌是农业高质量发展的重要标志。汇达柠檬聚焦国际国内大市场、大流通、大消费，实施品牌培育行动，充分体现了品牌在市场竞争中的强大力量。一是将品质作为品牌发展的第一要义，汇达柠檬坚持

市场导向、消费者至上，把安全、优质作为不断提升产品质量的基本要求，建设柠檬种植、加工基地，强化农产品质量安全全程监管，推动生产规模化、集约化。二是强化品牌创建意识，汇达柠檬通过中国质量认证中心GAP认证，入选"巴味渝珍"品牌授权农产品电商销售Top10（十强）名单，成为中国柠檬产业领军品牌，柠檬鲜果、柠檬即食片、柠檬蜜茶、柠檬蜜酱获评重庆市名牌产品，6个柠檬产品被认证为绿色食品。三是提升品牌营销能力，以消费需求为导向，以优质优价为目标，推动传统营销和现代营销相融合，创新品牌营销方式，实施精准营销服务。通过布局线上与线下营销渠道，统筹国内市场与国外市场，通过数字化技术赋能供应链，打通销售渠道，使供应链同步服务于线上线下销售端。充分利用农业展会、产销对接会、体育活动等营销促销平台，借助大数据、云计算、移动互联等现代信息技术，拓宽品牌流通渠道，同时加大海外营销活动力度，"走出去"拓宽海外市场，提升品牌影响力和渗透力。

（三）立足生态循环，推动全产业链发展

全产业链有利于推动农业从资源型向内涵型、从产量型向质量型的发展方式转变。汇达柠檬坚持生态循环、全产业链的发展理念，推进企业、合作社、农户等主体协同合作，从柠檬种植到深加工全链条发展，采用绿色、低碳、循环发展的种植机制，探索出一条生态循环、全产业链发展模式。一方面，汇达柠檬在技术创新、研发投入、科研组织和成果转化方面积极探索，加强资源统筹，不断提高生产环节绿色、节能环保管控水平，创新开发多样化产品，提升农产品价值。在发展过程中，注重调优产品结构，采取多品类复合经营策略，提升应对市场风险能力，拓宽业务领域，为长期发展提供保障。另一方面，汇达柠檬深化与其他农业经营主体的分工合作，为促进全产业链融合发展奠定基础，同时有力推动小农户与现代农业有机衔接，推进企业经营、合作经营、家庭经营多种模式协调发展，打造集约化、专业化、组织化、社会化相结合的

新型农业经营体系。在运行模式上为农业经营主体的组织分工提供了成功经验，即龙头企业主要承担农产品加工和经营销售、生产规划和生产标准统一制定等职责，种植主体按标准进行生产并向龙头企业提供安全可靠的农产品，农资供应主体向联合体成员供应肥料、农药等生产物资，社会化服务组织向联合体成员提供农业生产社会化服务等。该运行模式在推动全产业链发展的同时，带动更多农业经营主体参与其中，实现联合体利益最大化。

太姥匠心绿雪芽　茶旅融合促振兴

　　天湖茶业有限公司（以下简称天湖茶业）成立于2000年，从打造"绿雪芽"品牌开始，逐步发展成为一家集茶叶种植、加工、销售、科研、人才培训及茶文化推广等为一体的福鼎白茶领军企业。目前，天湖茶业已经是福鼎白茶国家标准参与制定单位、福鼎白茶国家标准实物样制作单位，是农业产业化国家重点龙头企业、国家扶贫龙头企业、福建省白茶生产标杆企业，连续十三年被评为中国茶叶行业综合实力百强企业。天湖茶业在实现自身发展的同时，也承担了带动乡村产业振兴和联农带农的重要社会责任，以村企协同共促脱贫致富、业态创新引领就业创业等多种形式，在周边贫困地区投资兴业、培训兴才、吸纳就业、捐资助贫，发挥了重要辐射和带动作用，在乡村振兴领域取得了坚实的成果。

一、企业发展历程

（一）建立自有基地

　　天湖茶业的前身为福鼎市惜缘茶厂。创始人林有希于1963年出生在白茶之乡福鼎，1980年考入茶业局。1996年，林有希下岗后，结合自己在茶业局的工作经验，创办了惜缘茶厂，并远赴北京开设了三家茶庄，以打开市场、扩展销路。在北京经营茶庄时，林有希发现北京茶叶市场门槛低、竞争无序，茶叶品质参差不齐。他逐渐意识到，茶叶品质将成为茶企综合实力的象征，也是实现自身竞争力的关键。1999年，林有希迈开二次创业的步伐，率先在太姥山承包茶园1 500亩，建立了福建省第一处有机茶示范基地，同时接收了惜缘茶厂的主要骨干和技术力量，于2000年创立了天湖茶业，经营范围从原来的茶叶加工、拼配扩大成为集茶叶生产、加工、出口、包装、销售和开发为一体的产供销一条龙。

（二）打造优势品牌

在确保茶叶品质的前提下，打造自有品牌成为天湖茶业成立和发展的当务之急。要发展，品牌的选择至关重要，品牌选得好，往往能起到事半功倍的效果。"绿雪芽"是福鼎特色品牌，其悠久的历史、美丽的传说、深远的文化积淀、丰富的旅游资源都是福鼎其他茶叶品牌不能比拟的，在20世纪80年代有一定的知名度，曾在市场营销方面发挥了重要作用，然而随着市场竞争愈演愈烈，逐渐默默无闻。天湖茶业确立了重振"绿雪芽"品牌的重要战略，经过多方奔走和努力，转让注册了"绿雪芽"品牌。

确立品牌后，天湖茶业要做的就是将"绿雪芽"打造为知名品牌。质量与宣传是天湖茶业打造"绿雪芽"品牌的两大法宝。一方面，在宣传上下功夫。天湖茶业接手"绿雪芽"品牌后，把打造"绿雪芽"品牌作为一项中心工作来抓。赋予了"绿雪芽"品牌全新的含义：绿，象征健康和生命；雪，象征天然纯净无污染；芽，象征不断进取的精神，表示茶叶品质不断提高。"绿雪芽"象征茶叶的健康天然、优质纯净。天湖茶业在将"绿雪芽"品牌推向市场前，经过了周密的市场调查，制订了切实可行的宣传策划方案，并通过报纸、新闻广播等渠道进行了充分的宣传。另一方面，在品质上为"绿雪芽"的成长把好关。2002年，天湖茶业在原有太姥山茶叶基地的基础上，在福鼎市政府的支持下，在星火工业园区征地13亩，累积投资1 100万元兴建现代化茶叶加工厂，按有机茶的标准详细规划厂房建设，把茶叶生产的卫生条件提高到前所未有的高度，进而提高加工水平、产品档次、茶叶品质和附加值。天湖茶业不断引进浙江等地新的名优茶加工设备，并自行设计生产了20多套电子控温名优茶理条机，实现茶叶生产的现代化和工厂化，有力保障了"绿雪芽"茶叶加工质量的提高和产品品质的稳定。

（三）实现产销分离

随着经营规模的不断扩张和消费需求的不断多样化，优化经营结构、推动产销分离成为天湖茶业进一步发展的必然要求。对于天湖茶业来说，早期建立在有机茶基地上的以生产为导向的经营方式虽然保证了产品质量，但同时也导致市场导向性相对不强。而成熟的市场要求以营销为导向，营销职能与生产职能从组织上加以分离，有利于真正转向以营销为导向，更好地适应成熟市场竞争的要求，更好地满足不同顾客群体的需要。同时，产销各自成为经营实体，可以充分利用分工的优势，调动各自的积极性和创造性，集中精力发展核心能力。生产端致力于白茶的产品设计、产品改进、提高质量、降低成本；销售端致力于各种茶文化营销活动和茶叶销售管理，包括市场调研、新产品推广、市场开拓、树立品牌、广告宣传、产品服务、推销员的培养、市场管理、经销店的管理、顾客管理等，提高销售体系的核心能力和市场竞争力。

2010年，天湖茶业迈出了产销分离的第一步，正式成立了福建绿雪芽茶业有限公司。2011年，绿雪芽广州中心挂牌成立，至此形成了北京、上海、福建、广州、西安五大营运中心，以五大营运中心为枢纽，带动建设全国销售网络。2016年，天湖茶业产销分离正式完成。天湖茶业以品牌集约化营运管理的方式，分别以线下设立直营专卖和授权连锁加盟实体店，线上搭建电商网络销售平台等形式，建立了以北京、上海、广州、西安、郑州、济南、福建营销中心为重点、覆盖全国的专卖连锁销售网络，授权销售终端店铺1 000多家，覆盖全国200多个城市，形成了覆盖全面、功能完善的营销网络。

（四）茶旅产业融合

茶叶从种植到最终形成茶叶产品，其间要经历种植、加工、包装、分销、品牌管理等多个环节。总的来说，我国茶产业链的价值构成基本呈现的是"上游小、下游大"的格局，即上游生茶加工环节价值空间小，溢价空间有限，而下游销售、品牌管理环节价值空间大，利润多分布在下游环节，溢价空间很大。这种较为失衡的茶叶价值构成格局对茶叶的流通产生了结构性的影响：一是导致茶叶种植源头流通效率低下，茶叶全部环节利润的主要部分被中下游环节获取，上游种植环节并无充足的动力去优化茶叶的流通环节，会进一步降低茶叶的流通效率。二是导致资源分配失当，茶叶品质管理和品牌营造资源分配不足，无法形成高品质的茶叶产品，无法建立具有国际竞争力的茶叶品牌。

茶业是一种特殊的产业，具有较好的产业融合能力，是一二三产深度融合的综合性产业。我国茶叶历史悠久、产业资源丰富、文化底蕴深厚，融合是当下时代发展的主题。茶产业中蕴含茶自然景观、人文历史、茶加工以及茶产品等，既是天然的旅游要素，又是旅游创新发展的优质领域，具有明显的融合性特点。茶产业通过融合式发展，能够纳入二三产业的增长点，实现纵向和横向的相互链接，对茶产业壮大规模、提升发展动能具有重要作用。

天湖茶业的产业融合之路以茶旅融合模式的开发为基点。茶旅融合是在茶产区发展以茶产业为基础的产业融合的重要模式。对于自有大面积高质量白茶生产基地的天湖茶业而言，发展茶旅融合模式具备着天然的优势。为了深入挖掘"绿雪芽"深厚的文化底蕴，将"绿雪芽"品牌与中国白茶始祖地太姥山文化相互融合，从2007年起，天湖茶业在原有1 500亩有机茶基地及配套加工厂的基础上，累计投资9 000万元在太姥山有机茶基地建设集生态茶叶生产加工、茶文化观光、旅游度假于一体的绿雪芽白茶庄园，开辟了有机农业发展的"茶+N"新领域。随着不断的扩建和完善，目前，绿雪芽白茶庄园已成为一个占地2 000亩，集茶叶种植、茶叶加工和茶文化展示为一体的重要茶叶生产基地和旅游中心。

绿雪芽白茶庄园外景

二、企业联农助农实践

联农带农是企业履行社会责任和促进乡村振兴的重要方式。在传承白茶文化的同时，天湖茶业充分认识到乡村振兴的重要性，积极承担起社会责任，秉持"绿色、可持续、共享"的理念，充分激发市场活力，发挥资金、技术、市场、管理等优势，通过茶产业资源开发、茶旅结合产业培育等多种形式以及村企协同、业态创新两大路径，投资兴业、培训兴才、吸纳就业，发挥辐射和带动作用。

（一）村企协同共促脱贫致富

天湖茶业的村企协同共促脱贫致富模式，其关键在于通过合作与互动实现规模经济和资源优化配置，提高农产品的附加值和市场竞争力，从而实现就业机会增加、农民收入提高和乡村经济发展。具体而言，天湖茶业从以下三方面入手，践行村企协同模式：

创新企业帮扶机制。天湖茶业从创立之初就立下了明确的目标和规划，积极探索独特的联农带农模式。经过不断探索，通过有效整合公司、

天湖茶业太姥山有机茶基地航拍

村集体、基地、农户等多方资源，以"公司＋合作社＋基地＋农户"的形式，特聘福建农林大学、福建省农业科学院茶叶研究所等专家团队进行技术指导，在白茶原产地太姥山及周边地区建立了6 000多亩有机茶基地，其中1 500亩的太姥山有机茶园基地获得国际雨林联盟可持续发展农业认证，带动周边10 000多户茶农30 000多亩茶园进行有机茶的茶园基地化建设。在有机茶基地建设过程中，天湖茶业还积极与当地茶专业合作社展开合作，由当地茶专业合作社牵头，带动周边茶农在有机茶基地开展茶叶种植，农民种植的茶叶采收后交付给合作社，由天湖茶业优先收购合作社生产的质量标准达到要求的茶叶，合作社再进一步对农民进行二次分红。通过培育茶专业合作社，增强联农带农效应，强化社会分工，从而实现茶叶生产环节上的规模经济，降低生产成本，提高茶叶的附加值和市场竞争力。"公司＋合作社＋基地＋农户"的企业帮扶机制在确保茶叶品质的同时，最大限度地保障了合作社和农户等各方利益的实现，也推动了当地茶产业的快速发展。

拓宽增收渠道。天湖茶业的帮扶机制不仅仅局限于基地的建设，还通过各种方式拓宽增收渠道，为低收入农民提供更多的实际支持。一方面，天湖茶业积极扶持方家山、太阳头、孔坪等村的低收入户参与茶叶生产经营，并为他们提供技术指导和茶叶质量安全服务，每年为茶农进行新技术培训达1 000多人次。对于部分经济实力较差、缺乏启动资金的农户，天湖茶业主动垫资帮助他们建立茶园，农户只需按照要求进行规范化种植就可获得稳定收益、偿还启动资金。另一方面，天湖茶业还与当地低收入农户合作开发了无公害茶园，免费为农户种植有机茶提供技术指导和培训，在种植生产标准上，积极推进标准化、基地化建设，带动茶农推广使用新型有机肥料、生物菌肥、新型茶机具，已累计帮助农户发展有机茶、无公害茶园10 814亩，实现了社会效益和生态效益的兼顾。对于按照标准生产的优质茶叶，天湖茶业按照高出市场价的协议价格进行统一收购，这不仅为农户创造了新的增收渠道，还为他们提供了稳定的经济来源。

强化利益联结。除了通过合作社间接带动农户，天湖茶业还注重强化与农户的直接利益联结，确保农民的利益得到充分保障。第一，天湖茶业主动流转基地周边低收入农户无力管理的茶园和荒山，由公司牵头，统一管理和生产。通过这种方式流转的茶园，每亩每年可为农户带来土地租金收益超过1 000元，每年可为无劳力群众或失管荒山村民增收近百万元。这一举措在促进土地资源有效利用的同时，进一步提升了当地低收入农户的收入水平。第二，天湖茶业对低收入农户入股的茶专业合作社实行定价收购、定量加工生产，同样以高于市场价格10%～15%的协议价格进行收购，让低收入农户的茶青及生产的茶叶销售有出路、价格有保障，实现增收致富。

（二）业态创新引领就业创业

以茶旅融合进行行业业态创新，是天湖茶业联农带农的重要途径。通过发展与茶产业结合的乡村观光、特色民宿等创新业态，吸引游客到茶产区进行观光、农业生产和文化体验等活动，带动农民增收致富。旅游业带来的游客流量提高了对农产品和农村服务的消费需求，增加了农民销售农产品和提供农村旅游服务的机会；同时，旅游业发展提供了大量导游、住宿、餐饮等服务类就业机会，农民可以通过参与旅游服务行业获取就业机会和稳定收入。此外，为了满足旅游发展的需求，茶产区通常需要新建或改善基础设施，如道路、酒店、景点设施等，这些建设工程也会带动就业，提升农村的整体发展水平，促进地方经济发展。

天湖茶业积极依托国家AAAAA级风景名胜区太姥山，茶旅结合促进乡村振兴。绿雪芽白茶庄园的建设开辟了有机农业发展的新领域，是天湖茶业茶旅结合、联农带农道路上的重要里程碑。庄园中的太姥书院，以"励学、致知、躬耕、养正"为院训，承担了福鼎白茶文化的交流推广和为茶行业培训更多专业人才的使命，主导进行茶专业职业技能培训及等级认定、青少儿茶文化教育培训、茶研学、茶文化学术交流及论坛活动举办等。绿雪芽白茶庄园作为天湖茶业推进产业融合、多元化发展

绿雪芽白茶庄园养心馆

的重要抓手，不断地完善发展，目前已获得福建省休闲农业示范点、省级职工疗休养示范基地、省级观光工厂、宁德市茶产业与文化旅游基地、十佳茶旅文化观光园、省级茶庄园标准化示范单位、联合国教科文组织宁德·世界地质公园发展合作伙伴、省级农产品加工观光园、国家 AAA 级旅游景区、省级森林康养基地等一系列荣誉称号，成为茶主题旅游的胜地。被中国国际茶文化研究会授予"太姥绿雪芽白茶文化基地"荣誉称号。目前，绿雪芽白茶庄园已实现年接待观光游客 10.5 万人次，依托"福鼎白茶""绿雪芽"中国驰名商标的品牌知名度，吸引更多的茶客、游客到太姥山旅游观光，为当地茶旅融合助推乡村振兴注入更多动能。

就业带动是天湖茶业助力农户增收致富的重要方式。在吸引充足客源的基础上，天湖茶业致力于为农户提供更多的就业机会，以进一步推动白茶产业和环太姥山旅游经济圈的同步成长，让茶农增收、企业增效，一二三产业协调发展，带动区域经济发展。天湖茶业对有机茶基地周边有需求的农户积极安排就业岗位，从事鲜茶采摘、茶叶加工、景区服务等工作，并根据不同能力、不同需求定岗定位，优先安排低收入农户就业。随着生产的发展，天湖茶业直接创造了 800 多个就业岗位，辐射带动的产业也创造了更多的就业机会。天湖茶业积极承担社会责任，通过吸纳就业、捐资助农、对农户进行培训和指导等形式，提高农民的科技素质，积极参与推进农业农村现代化建设，助力乡村全面振兴。通过上述方式，每年平均雇佣基地周边季节工人 500 多人，每人每季可得劳务收入 4 万多元，有效解决了周边低收入农户就业难的问题。

三、基本经验与启示

综合来看，天湖茶业推进白茶产业发展和联农助农的实践探索总体上取得了较大成就，走出了一条相对成熟的产业振兴与联农助农相结合的道路。虽然在发展过程中也走了一些弯路，但仍然有以下基本经验和启示值得总结和思考。

（一）在联农带农过程中实现自我发展

联农带农不仅是农业企业社会责任的体现，而且对自身发展大有裨益。第一，有助于提高生产效率。农业企业联农带农可以为农民提供技术支持、农业资讯和科学种植方法，通过规范化管理和技术创新提高农业生产效率，从而保证农产品质量，提供稳定的供应链。第二，有助于拓展市场份额。通过与农民合作，农业企业能够扩大农产品供应量，并借助自身品牌优势和营销渠道，将农产品推向市场，提高市场占有率和品牌知名度，从而实现企业规模扩大和市场份额提升。第三，有助于降低经营风险。农业企业与农民联合经营，可以共同承担生产成本压力、共同应对风险。通过规模化生产、资源共享和风险分担等方式，农业企业可以降低自身经营成本，并获得更稳定的优质农产品供应，提升市场竞争优势。第四，有助于实现可持续发展。农业企业联农带农模式往往以注重环境保护和农业可持续发展为特征，通过推广绿色农业技术、科学施肥和循环利用等措施，降低环境压力，提高资源利用效率，推动农业绿色转型、实现可持续发展。

（二）重视产品质量，打造优势品牌

产品质量是企业生存和发展的根本，品牌文化是企业竞争力的核心，建立在产品质量和品牌文化基础上的品牌宣传是企业扩大市场的手段。天湖茶业的成功，与对产品质量的高度重视密不可分。作为一家专业生产福鼎白茶的企业，天湖茶业在茶叶种植、加工、包装、销售等各个环节，都严格遵循有机茶的标准和要求，不使用化学肥料和农药，不断改进生产设备和工艺，提高茶叶的品质和档次。天湖茶业还聘请了专家教授和技术人员对茶园和茶厂进行全程指导和监督，确保产品质量的稳定性和可靠性，因此其产品通过了多项国家和省级的认证和评价，获得了广泛的市场认可和消费者信赖。

天湖茶业在保证产品质量的同时，也注重品牌文化的塑造和传播。

天湖茶业选择福鼎白茶的特色品牌"绿雪芽"作为主打品牌，在其悠久的历史、美丽的传说、深远的文化积淀和丰富的旅游资源内涵基础上，赋予"绿雪芽"全新的含义和价值，将"绿雪芽"打造成为象征健康、天然、优质、纯净、进取的白茶品牌。天湖茶业还通过多种渠道和方式，如媒体宣传、展会参展、网络营销、文化活动等，将"绿雪芽"的品牌形象和故事传播给更多的消费者，提升了品牌的知名度和美誉度。

（三）推动产业融合，拓展市场空间

对产业融合的积极探索是天湖茶业不断实现自我突破的关键。作为一家以白茶为主导的企业，天湖茶业不仅注重白茶的生产和销售，还注重白茶的科研、培训、文化和旅游等方面的拓展，实现了茶产业的多元化和综合化发展。天湖茶业与高校、科研机构、行业协会等多方合作，开展了多项白茶研究项目，如白茶的保健功效、白茶的品质评价、白茶的新产品开发等，提高了白茶的科技含量和创新能力。天湖茶业还建立了天湖茶叶博物馆、天湖茶艺学院、天湖茶文化园等平台，开展了多种形式的茶叶培训和文化推广活动，如茶艺培训、茶文化讲座、茶艺表演、茶旅体验等，提升了白茶的文化价值和社会影响力。通过产业融合，天湖茶业实现了资源共享、优势互补、效益提升和风险分散，为企业的可持续发展奠定了坚实的基础。通过产业融合，天湖茶业还拓展了市场空间和消费群体，满足了消费者的多样化和个性化需求，增强了消费者对白茶的认知度和忠诚度。

（四）贯彻差异化竞争，把握市场机遇

差异化竞争是企业发展的关键因素和成功保证。一方面，差异化竞争是企业生存发展的基础。成功的企业，无一不是根据自身特色和市场需求，选择有潜力、有特色、有优势的赛道，并在这一赛道上深耕的结果。另一方面，差异化竞争是农业企业迎合市场机遇、把握市场行情的重要体现。利用差异化带来的市场机遇和发展趋势，不断提高产品质量

和品牌形象，开发新产品和新服务，增加附加值和差异化竞争力，是各大农业企业在激烈的市场竞争中脱颖而出的关键所在。

天湖茶业的成长发展之路，离不开对市场机遇的每一次敏锐把握。作为一家专注于白茶的企业，天湖茶业在市场上选择了一个有潜力、有特色、有优势的赛道，即福鼎白茶。福鼎白茶是中国传统名茶之一，具有悠久的历史和独特的风味，是白茶中的佼佼者。福鼎白茶还具有很强的保健功效，如抗氧化、降血压、降血脂、抗菌消炎等，符合当代消费者对健康饮品的需求；同时，越陈越香，具有很高的收藏价值。天湖茶业立足福鼎白茶这些优势和潜力，打造"绿雪芽"品牌，专营白茶的战略实现了与市场需求的契合和差异化竞争的优势，还抓住了市场机遇和发展趋势，如国家对地理标志保护产品的政策支持、消费者对白茶认知度和喜爱度的提升、白茶文化和旅游资源的开发利用等，从而培育了自己的核心竞争力和品牌影响力，在白茶市场上占据了领先地位。

圣农控股集团有限公司

用品质引领市场蜕变　村企协同促共同富裕

　　福建圣农控股集团有限公司（以下简称圣农集团）创建于1983年，总部位于福建省南平市光泽县，确立以全食品为核心的集团化发展战略，继续强化肉鸡全产业链优势，并以此为中心不断拓展产业外延，整体经营格局涵盖农牧和食品餐饮、物流、投资、配套产业，致力于打造享誉世界的食品产业集群。

　　创始人傅光明以白羽肉鸡养殖起家，经过四十多年的发展，形成一条集饲料加工、种鸡养殖、种蛋孵化、肉鸡饲养、肉鸡加工、食品深加工、产品销售、快餐连锁于一体的白羽肉鸡全产业链。目前，圣农集团拥有总资产170亿元、500多处生产基地以及2.7万余名员工。其肉鸡年产能已达到5亿羽，在全球、亚洲和中国的禽类产业中分别位列第七、第一和第一。圣农集团成功培育出"圣泽901"，成功打破了西方对白羽鸡育种技术长达百年的垄断，成为肯德基近七成鸡肉的主要供应商。2015—2019年，年营收从69.4亿元逐年增长到145.58亿元，年均增长率超过20%。2020年，实现137.45亿元的营业收入和20.33亿元的扣非净利润。2021年，主营业务收入达到了136亿元，同比增长4.82%。

　　圣农集团在追求企业发展的同时，积极履行社会责任。把产业帮扶作为助力乡村振兴的重要切入点，通过与乡村合作，帮助农民提高土地的使用价值，增加收入。通过"龙头企业+村组集体+村办企业+特色小镇"的产业致富发展模式，成功帮助多个乡村实现经济转型，为当地村民创造了大量的就业机会和经济收入。

圣农集团总部

一、企业发展路径

1983年，创始人傅光明辞去公职，以2万元的贷款创办了一家养鸡场。在企业发展的初期，傅光明带领团队积极探索，于1992年引进了中国业内最先进的自动化肉鸡屠宰加工线，为企业奠定了坚实的发展基础。然而，发展过程并不总是一帆风顺的。在一段时间里，圣农集团尝试通过产业链延伸来实现增长，但由于多方面原因，新建的食品厂一直处于亏损状态。自2007年傅光明之女傅芬芳就任圣农食品董事长以来，圣农集团成立数据营销和产品研发团队，推动产品质量提升，积极开展产品研发和市场推广，成功进军国际市场并成为国际快餐品牌的重要合作伙伴（如成为肯德基、麦当劳的供货商）。

作为肯德基和麦当劳的主要白羽鸡供应商，圣农集团在中国快餐连锁店中占据重要地位，产品质量和供应稳定性备受肯定。此外，圣农集团通过不断研发新品种和深加工产品，丰富产品线，以满足不同消费者的需求。

傅光明创业初期团队

（一）技术研发聚焦科技兴农

　　白羽鸡种源国产化的胜利。过去，海外供应商一直掌握着40亿羽以上的白羽鸡种源。为摆脱这一困境，圣农集团从2011年起开始为白羽肉鸡育种自主研发做准备，2019年国产鸡苗初步培育成功，经过多轮对比试验以及专业机构的检测，该品种的各项主要指标都达到国际先进水平，成为我国首批自主培育的白羽肉鸡品种。2019年3月，国外育种公司对圣农集团实行全面断供，圣农集团开始使用"圣泽901"替代国外品种。截至2021年底，累积推广"圣泽901"父母代种鸡1 000万套，商品代肉鸡10亿羽，国内市场占有率达10%。这一突破，不仅打破了国外对白羽肉鸡种源的长期垄断，也让国内农户享受到了更优质、更稳定的鸡苗供应，显著提高了中国白羽肉鸡产业的竞争力。

　　技术研发与质量保障。在圣农集团的发展历程中，加大资金支持科技研发始终是企业的核心战略。2021年，圣农集团实现资本支出15.64亿元，建设及技改升级的项目覆盖全产业链各个环节，新增多个种肉鸡养殖场、屠宰厂、食品深加工厂等。为了保障食品安全，圣农集团采取标

圣农集团自动化加工车间

准化生产、尽量减少人工操作、建立溯源体系等系列措施，确保消费者吃到放心、安全、高质量的产品，赢得了良好口碑和市场地位。

（二）全产业链建设引领行业发展

全产业链的坚守。圣农集团秉承"自繁、自养、自宰"的全产业链生产模式，这一模式贯穿了整个企业的经营理念和发展方向。从1983年傅光明建立第一个养鸡场，到如今的全球白羽肉鸡行业佼佼者，圣农集团每一步的发展都紧紧围绕着鸡的全产业链建设展开。全产业链建设是圣农集团取得巨大成功的核心竞争力之一。从种鸡的自主培育到饲料的自主加工，再到肉鸡的自主养殖和自主宰杀，圣农集团在白羽肉鸡产业的每个环节都有着强大的掌控能力，这不仅确保了产品的质量和安全，还让企业能够更好地适应市场的需求和变化。

掌握全产业链的关键竞争力。圣农集团的产业链不仅向上延伸至白羽肉鸡的育种研发，摆脱了国外种源供给的束缚，还向下延伸至鸡肉产品的深加工。这种垂直一体化的产业链布局，使得圣农集团在食品安全、生产稳定性、规模化经营、疫病可控性等方面都表现出卓越的竞争力。

不仅如此，圣农集团坚持自主经营原则，不采用"公司＋基地＋农户"的经营模式，而是自有饲料厂、祖代父母代种鸡场、孵化厂、商品代肉鸡场、宰杀厂等，使得产业链协作更加紧密和高效。

辅助产业链的多元化发展。圣农集团注重辅助产业链的建设，包括兽药疫苗、冷链物流、饲料、宠物食品蛋白、鸡油鸡精鸡骨粉提炼等。这些辅助产业链的建设不仅提高了资源的综合利用率，还为企业提供了多元化的发展机会，从而降低了经营风险。

绿色循环经济的实践。圣农集团以余料转化为目的，形成了光伏发电、鸡粪生物质发电、有机肥制造等第二副产业链。这一举措不仅减少了废弃物的排放，还为企业带来了可观的经济效益，实现了绿色循环经济的目标。这种积极响应社会责任的做法，让圣农集团在可持续发展的道路上走得更加坚实和稳健。

可持续发展的坚实基础。圣农集团以其全产业链的建设和持续优化，不仅在白羽肉鸡行业中占据着重要地位，还为中国白羽肉鸡产业的国产化做出了杰出贡献。同时，圣农集团的绿色循环经济产业链布局也为行业树立了良好的榜样，为未来的可持续发展打下了坚实的基础。

圣农集团全产业链园区

（三）产品研发开拓新兴市场

产品研发与市场布局。圣农集团最初以炸鸡块、炸鸡翅等基础产品为主攻方向，以满足肯德基、麦当劳等知名餐饮品牌的供应需求。随着市场和消费者需求的发展变化，圣农集团抓住机遇，依托圣农生态产业链的优势，不断创新产品，将优质鸡肉转化为各种丰富多样的熟食产品，如肠类、油炸类、调理类等，开发出一系列新的、畅销的产品（如鸡胸肉、鸡腿肉、鸡翅等），以丰富产品线、提高市场竞争力。

爆品的成功推广。"福喜"事件后，圣农集团抓住机遇，成为麦当劳供货商，并提高在其他大客户供应体系中的占比。为实现企业转型，圣农集团成立了全新团队，包括卓越的数据营销团队和专业的产品研发团队，把控产品研发、产品推广、市场营销各个环节。2021年，圣农集团推出了脆皮炸鸡和嘟嘟翅2款爆品。其中，脆皮炸鸡在天猫上线一个月后，月销量便超过8 000单，并迅速突破2万多单，居当时天猫炸鸡品类第一。

全渠道市场拓展。圣农集团产品进驻各大商超，并在电商平台上逐步向消费端扩展。例如，在叮咚买菜平台，新品上市一周便销售超过2万包；在福州朴朴平台新品上市三天，带动店铺总销量突破1万包；在社区团购平台兴盛优选，在新品的带动下，从月均销售150万元提升至日均50万元。此外，圣农集团还在不同的销售渠道配备相应的研发团队，为下游餐饮客户群提供强有力的研发支持。在市场拓展的道路上，圣农集团始终不断优化产品线，拓宽销售渠道，2007—2020年短短十几年间，食品销售额从6 000万元增长至47亿元，年复合增速达到29%。

二、村企协同共促致富增收

圣农集团在推进自身企业发展的过程中，注重构建联结机制，与农村地区形成紧密的合作伙伴关系，实现共同发展，确保农民收益持续增长。圣农集团通过构建联结机制，实现政企合作、产业链协同、合作社模式等多种方式，促进农民与企业、政府之间的紧密合作，形成长久联合发展的格局。在这个过程中，农民收益得到了显著提升，为乡村振兴提供了有力支撑。

（一）村企协同，整乡（镇）抱团聚力联合发展

村企合作，带动地区发展。在产业发展的同时，圣农集团将优势资源导入乡村，让产业链有机嵌入村集体，构建了"龙头企业＋村组集体＋村办企业＋特色小镇"的产业致富发展模式。例如，在中坊村，圣农集团投资40亿元建设了包括5个宰杀厂、6个食品厂和恒冰物流公司等在内的一系列配套生产单位，极大地提高了土地的使用价值，带动了村民的就业和收入提升。此外，积极帮助乡村开办物流公司、加工厂等产业，让村民通过带动就业实现稳定增收。

引导农民参与合作社模式。圣农集团积极引导和支持农民建立专业合作社，农民通过合作社这一平台，能够更直接地参与产业链的各个环

圣农集团公益事迹

节，与企业形成紧密的利益联结，共享产业发展的成果。例如，圣农集团与中坊村共建合作社，进行鸡肠加工，村民们不仅可以获得就业机会，还能通过参与加工厂的运营，享受到产业发展带来的经济红利。

整乡（镇）抱团发展。圣农集团采取"以点串线、抱团聚力"的模式，带动整个乡（镇）共同发展，探索乡村振兴新路径。如在福建省光泽县，圣农集团联合当地的圣兴物流有限公司和新振肉制品加工厂等，打破传统的地理界限，实现多个困难村的联动发展。通过这种模式，圣农集团整合了乡村资源，极大地提高了区域内的产业合作程度，促进了乡村间经济联系，实现了资源共享和优势互补。

（二）创新市场连接机制，多元方式助力农户增收

圣农集团在发展中不断尝试着新的助农模式，打造当地特色农产品品牌，帮助当地农民开拓销售渠道，提高农产品附加值，从而为当地村民带来更多的收入。

产业链协同，优势互补。圣农集团以一体化的思路，从种植、养殖、加工到销售，构建了完整的农业产业链，实现了各环节的深度融合和优势互补。如种植业的生产提供了养殖业所需的饲料，降低了养殖成本；养殖业和种植业的产品则提供了加工业的原材料，增加了产品的附加值；加工业和销售业的发展则拉动了种植业和养殖业的销售，扩大了市场规模。这种产业链协同模式，降低了成本，提高了效益，使得农民能够在产业发展中获得更多的收益。

因地制宜，发展特色产业。圣农集团对各地的资源条件和市场需求进行详细的研究和评估，因地制宜地发展特色产业。与当地农户建立合作关系，优先使用地方上的闲置土地，将本地农民纳入产业链中，推动特色农业的发展。如在福建省光泽县的中坊村，圣农集团投资，以农业、农旅结合的方式，将当地的荒地、劣地转化为有机生产基地，产出的产品不仅供应国内，还出口到国际市场。据统计，圣农集团占光泽县农业总产值90%、工业总产值80%、用工70%、用电60%、GDP 50%、税收

40%，通过建设新厂、拓展新产业、创新模式等举措，在不断拓宽自身业务范围的同时，带动当地农业和相关产业的快速发展。

技术支持，提升产能。圣农集团高度重视农业技术研发与推广，依托先进的科技研发能力，为农民提供专业的农业技术支持和培训服务，全面提升农民的生产技术水平和管理能力。同时，结合当地的农业实际，制定符合地方特色的农业技术方案，推动高效种植技术、饲养技术和病虫害防控技术等的广泛应用，有力提高了农业生产的产量和品质。开展系列技术培训，使农民能够快速掌握并应用这些新的农业技术，从而大幅提高农业生产能力，使他们能够更好地参与农业产业链的建设与发展中来。

三、基本经验与启示

圣农集团的持续科技创新稳固了其行业优势和发展基础，通过产业链延伸、产业技能培训、构建产业共同体以及整乡（镇）组织推动等战略举措，推进乡村产业振兴，以实现农民增收、农业增效、农村繁荣。

科技创新是稳固行业优势的关键。现代企业在激烈的市场竞争中，必须不断借助科技创新来提高竞争力。圣农集团的成功经验，展示了科技创新如何帮助企业取得行业领先地位。第一，科技创新带来新商机。不断进步的科技为企业提供了新的市场机会，通过抓住这些机会，企业能够巩固领先地位。第二，科技创新提高生产效率。现代科技应用可提高生产效率，降低成本，更好地满足市场需求。圣农集团通过全产业链建设，实现了自主培育、自主加工、自主养殖和自主宰杀，提高了生产效率，确保了产品质量。第三，科技创新确保产品质量和安全性。企业可通过科技监控和管理生产过程，确保产品的质量和安全性，圣农集团的标准化生产、溯源体系等措施确保消费者获得高质量的产品。第四，科技创新推动可持续发展。企业可通过科技创新减少资源浪费，提高资源综合利用率。圣农集团将余料转化为可再生能源和有机肥，实现了绿色循环经济，减少了环境污染，获得了经济效益。

产业链延伸，助力农村产业振兴。圣农集团通过投资建设饲养场、饲料厂、孵化场、宰杀厂、食品厂等产业基地，构建起了从农业生产到深加工、从农田管理到农产品销售的完整产业链。这种模式的实施，不仅成功创造了大量的就业岗位，而且带动农产品附加值的提高，实现了地区经济繁荣。此外，圣农集团还通过产业链条的延伸，助力新农村建设，实现了地区经济与社会的双重效益提升。

构建产业共同体，实现共赢发展。圣农集团与村集体经济组织合作，组建产业共同体。这一模式的运作涵盖了从资源整合、资金扶持到产业培训、人才引进等多个环节，全面推进产业扶贫工程，实现产业发展与扶贫目标的共赢。同时，圣农集团也通过与地方政府、高校、科研机构等多方合作，共同研发适应当地实际的农业技术，推广种植业、养殖业、林业等多种产业，提高农产品的市场竞争力，为当地农民带来了稳定的收入来源，也为当地的经济社会发展注入了新的活力。

村企协同，定向发力。圣农集团以村企共建模式，结合自身企业优势，与乡村密切配合，齐心协力推进乡村振兴以及农业现代化进程。在村企协同的大框架下，圣农集团与乡村达成深度合作，将企业的优势资源和乡村的实际需求紧密结合，共同推动乡村的经济发展和社会进步。在圣农集团的带领下，当地农民不仅得以解决生产中的问题，更掌握了新的技能和知识，极大提高了自身的生产能力和经济收入。

陶然居饮食文化（集团）股份有限公司

万企帮万村　助力乡村振兴

陶然居饮食文化（集团）股份有限公司（以下简称陶然居）成立于1995年，是中国餐饮行业的领先企业之一，在中国餐饮百强企业中名列前十。陶然居是中国烹饪协会正餐委员会轮值主席单位、中国烹饪协会副会长单位、中国烹饪协会火锅委员会副主席单位以及全国工商联餐饮委员会主席团成员单位，在行业内具有卓越地位和突出贡献。

一、企业发展路径

（一）人才驱动的经营战略

陶然居初期的一大亮点来源于一位原西南农学院某教授所研发出的人工养殖田螺，这种田螺个头巨大、肉质饱满、味道鲜美。经过不断尝试和改进，陶然居最终采用了重庆经典菜品"辣子鸡"的做法，创造出了招牌菜品——"辣子田螺"。这道菜一经推出，立刻受到广大食客的欢迎和追捧，这标志着陶然居开始在市场上崭露头角。此后，陶然居不断扩张，逐渐占据了更大的市场份额。然而，就像许多急速扩张的企业一样，陶然居在门店不断扩张再扩张之后遭遇了危机。由于管理经验不足、技术人才短缺等，许多陶然居的分店如同昙花一现，很快就出现了亏损甚至倒闭关门的情况。在巨大的压力面前，陶然居深入分析问题原因，把目光放在了经营模式的调整上。简单的店面扩张并不能带来真正的可持续发展，陶然居开始重新审视自身的发展战略。在接下来的时间里，陶然居停止了门店的快速扩张，着力培养高素质的管理人才，努力保证每一个店面都能健康快速发展。

为了培养优秀的人才，陶然居于2002年创办了餐饮职业培训学校，专门对农村务工青年进行岗前和岗中职业技能培训。自创办以来，陶然居累计培训农村学员超过3万人，其中70%的学员成功就业于陶然居及其战略合作企业。集团的高管和中层管理人员都是从农民工一步步成长而来，许多员工在集团工作已有十几年乃至二十几年之久。为了进一步提升培训质量和影响力，陶然居于2019年与重庆梁平职业教育中心合作共建了餐饮产业学院。如今，陶然居员工要想晋升，首先必须通过产业学院的培训。

（二）品牌责任的持续坚守

陶然居始终将食品安全视为企业的生命，并在餐饮行业中呼吁"做食品就是做良心"的口号，彰显品牌的社会责任。

一方面，品牌责任源自对食品安全的全面控制。为实现"从田间到餐桌"的食品安全一体化，陶然居介入生态养殖、农产品深加工等产业，构建上下游产业链，降低交易成本，确保食品从生产、加工到供应的全程控制。采用"公司＋基地＋农户"的订单农业模式，在重庆以及四川、广西、云南、陕西等地建立原材料生产加工基地，将企业所需的原辅材料生产环节直接延伸到田间地头，从源头严把质量关。

另一方面，品牌责任体现在严格责任制。陶然居严格遵循《食品安全法》规定，在内部建立高标准、严要求的工作体系，逐级签订安全责任书，并落实到每个员工，确保食品安全环节无遗漏。开展宣传教育活动，主题为"做食品就是做良心，品牌的背后就是一份责任"，增强员工食品安全意识。同时，严格执行索票索证制度，采购食品时按国家要求索取检验、检疫票据。每位供货商都必须持有合规工商证件，所供货物都需提供质检报告和相关手续。为增加食品加工的透明度，陶然居投资500万元在旗下21家直营店安装了2 066个视频监控"电子眼"，实时监控食品烹调过程，打造"透明厨房"，让消费者能直观了解厨房运作情况，这一创新举措得到监管部门和消费者的一致认可。

（三）带头示范的引领作用

陶然居作为重庆市工商联餐饮商会会长单位，积极履行职责，着眼未来，引领行业快速进行结构调整和模式升级。在激烈的市场竞争中，陶然居成功巩固了在重庆餐饮业中的地位，成为享有盛誉的"重庆菜"代表品牌。

一方面，积极提供建议与倡导，为行业发声。利用商会平台和董事长作为全国政协委员的身份，通过发布倡议书、进行调研访谈、参加座谈会、提交提案和报告等多种方式，倡议支持餐饮企业的发展。在2020年全国"两会"期间，陶然居董事长提交了6份提案，向相关部门反映了餐饮行业的情况，争取了餐饮企业的优惠政策。在2021年全国"两会"期间，陶然居董事长也围绕推动支持餐饮企业发展、促进乡村振兴、解决企业融资难等问题，提交了11份提案。

陶然居参加全市工商联系统学习贯彻全国"两会"精神专题会议

另一方面，积极推动抱团发展，促进行业转型。陶然居深知团结的力量和合作的重要性，在积极发展自身企业的同时，还组织筹备抱团项目，汇集会员力量，团结广大会员企业，开辟了一条大联合、大集团、大品牌和大发展的道路。2013年，陶然居牵头组织商会中的19家会员企业投资20亿元，成立了重庆餐饮文化产业投资集团股份有限公司。为了传承重庆火锅文化，陶然居还以巴渝形象为底蕴，以火锅天下宴博物馆为载体，融合美食、美景、美女三张靓丽名片，通过创新餐饮业抱团发展模式，促进重庆餐饮结构调整，提升重庆餐饮行业竞争力。另外，陶然居还团结带领各区县的流行菜、名特小吃、名土优地方等小微企业，加入重庆餐饮的大环境中，集汇力量、精诚合作，让"重庆菜"成为一张闪亮的名片。

二、"万企帮万村"联农带农

（一）村企协同共促脱贫致富

帮助低收入农户，拓展原料渠道。陶然居作为拥有93家大型中餐连锁店的企业，每年采购大量原辅材料，具有强大的市场实力和品牌影响力。为了帮助低收入农户，陶然居采取"公司+基地+农户"订单农业形式，通过在贫困村建立农产品原辅材料采购点，帮助农户将农产品推向市场，增加收益。陶然居先后在16个村建立了农产品原辅材料采购点，累计采购农产品达1 480万元，帮助了266户贫困户，共计672人。这一举措不仅帮助农户解决了销售难题，增加了收入，也为陶然居提供了高质量的农产品原辅材料，为双方带来了实实在在的利益。

提供市场平台，实现买卖双赢。在对口城口县"买卖双赢"订单农业模式中，陶然居充分发挥自身品牌影响力和市场实力，为城口特色农产品提供了销售展示平台。通过"公司+基地+农户"订单农业形式，在城口县北屏乡建设城口陶然居生态种养殖示范基地，在沿河乡、鸡鸣乡建立山地鸡产业基地，并开设特产超市，推广城口老腊肉、山地鸡和矿泉水等"城口三宝"。陶然居旗下所有店铺优先采购使用城口老腊肉、山地鸡和城口矿泉水，并向所在区域的部门单位推广，实现消费端口的"买卖双赢"。这一举措不仅为城口特色农产品提供了更广阔的市场，也为陶然居的消费者带来了更加优质的食品，进一步提升了陶然居的品牌形象和市场竞争力。

建设产业基地，提供销售平台。陶然居自2006年开始积极参与产业帮扶，在乡村地区建立多处基地，以实践行动履行社会责任。在九龙坡区白市驿镇，建立了豆瓣、泡菜等农产品深加工基地，为农产品提供销售渠道，解决了农产品销路问题。在綦江区，陶然居建立了萝卜、辣椒基地，提高低收入农民的种植养殖技术和农产品加工技术，通过订单农业模式，增加农户收入。在潼南区，陶然居建立了蔬菜基地，提升农产品质量和标准，同时帮助农民就地就业。在江津区，签订了花椒基地合作协议，促进当地花椒产业的发展。此外，在石柱土家族自治县桥头镇，陶然居还建成瓦屋小镇乡村振兴示范点，发展辣椒基地、莼菜基地、豆瓣非遗基地，建成重庆菜原辅材料产业园和土家松木腊肉加工厂。通过

陶然居高山莼菜产业基地

这些基地的建立，陶然居不仅为乡村地区农产品提供了销售渠道，还为当地农民提供了就业机会，帮助他们实现了增收。

延长产业链条，增加就业机会。在实践中，陶然居还以"万企帮万村"产业帮扶行动的部署为指导，对口帮扶石柱土家族自治县中益乡华溪村。通过文餐旅融合发展，在华溪村开设了9家农家乐，并帮助农户进行室内装修、设施设备采购、厨艺服务技能提升，发展消费帮扶产业。这一举措不仅为当地农民提供了就业机会，也改善了华溪村的生产生活面貌。此外，陶然居还在重庆荣昌区投资5 000万元建立了"陶然居荣昌生猪养殖基地"，直接安排就业65人，辐射带动周边养猪农户200户，带动农民增加收入300多万元。

创办培训学校，实现学以致用。2002年，陶然居创办了餐饮职业培训学校，专门为农村务工青年提供岗前和岗中职业技能培训。自学校创办以来，陶然居已累计培训超过3万名农村学员。已有100余名贫困户学员免费接受技能培训，并得到陶然居餐饮集团全国各分店的就业安排，实现了100%的就业率。如今，陶然居的学员遍布全国各地，70%的学员在陶然居旗下的餐饮、酒店、生产加工配送基地、餐饮职业培训学校和青果快餐配送众创平台等企业就业，或被推荐到战略合作企业就业。

（二）业态创新引领就业创业联结模式

支持农民工和大学生返乡创业，提供资源和免费门面。陶然居对有创业意愿和技术的返乡农民工和返乡大学生，给予重点扶持，鼓励他们从事农业。例如，在了解到黄永福这位城口的返乡创业大学生面临困境后，为他提供了陶然大观园内超过300米^{2}的门面，支持黄永福开设"陶然居精准扶贫城口·山地鸡·老腊肉"店铺，并免除了3年100万元的租金费用。目前，该超市已实现农产品销售超过3 000万元。此外，黄永福还成立了一家新公司，专门生产城口腊肉、香肠等农特产品，年产值达千万元以上，为低收入地区创造了近百个就业机会。

　　助力城市务工人员创业，提供品牌支持和加盟机会。陶然居积极支持进城务工人员创业，无偿为创业者提供品牌支持、商品供应、物流配送、培训、选址辅导等支持服务；个体创业者通过加盟方式运营"陶然居早餐·社区厨房"，目前在重庆已开设了105家店铺。此外，陶然居与日本罗森企业合作，投资兴建了陶然居民心佳园"早餐·社区厨房示范基地"和"帮扶微型企业创业就业示范基地"，计划建成1 000家餐饮微型企业连锁店，培养1 000名创业型微型企业家。截至2023年，已经开设了78家社区连锁服务餐饮微型企业。

　　投资研发餐饮机器人，打造数字科技餐吧。陶然居成立了数字科技集团有限公司，投资6 000万元，研发制造了拥有50多项专利技术的餐饮机器人，率先在重庆打造出首批24小时零接触的数字科技智慧餐吧，目前已有10家数字科技智慧餐吧在重庆市内运营，每台餐吧日均销售额达5 000元。此外，2021年，陶然居投资了5 000万元，以情景美食体验和非遗文化产业为主导，创新打造了大观园新国潮坊，并引入了100家老字号

陶然居大观园新国潮坊

餐饮品牌，涵盖文化展演、主题酒店和国潮文创等多个领域。该项目在运营不到5个月的时间内成为重庆网红打卡地，每天接待人流量超过3万人，月营收超过1 000万元，并推动周边商业业态快速、良性发展。

建设"产教融合"模式，推动智慧农业发展。陶然居还构建了"产教融合"模式，推动农村科技帮扶。要发展农业产业，必须借助科技赋能和知识教育。陶然居投资5 000万元用于建设陶然居荣昌生猪养殖基地，实施统一配送猪苗、统一配送饲料、统一技术指导、统一保护价兜底的政策，基地直接安排就业65人，辐射带动周边农民养猪户200户，每户年增加收入1.8万元。此外，陶然居与重庆梁平职业教育中心合作，共同创建了智慧农业产业学院。首批培育的50名智慧职业农民已经毕业，他们的种植效率是传统农民的数倍以上，这一成果也获得了重庆市第四届教育改革试点成果一等奖。

（三）一核五转变整合产业链

标准化经营联结模式，促进农村多元发展。近年，随着经济发展放缓和消费习惯的改变，餐饮业面临着结构调整和模式升级等诸多问题。在这样的复杂市场环境下，陶然居积极应对挑战，通过统一服务带动标准化经营联结模式，在联农带农的同时，全面提升了企业的竞争力。为了保持竞争优势，陶然居积极追踪时代发展趋势和消费者需求变化，不断进行自我调整。通过主动融入国家战略，特别是乡村振兴战略，陶然居积极开发乡村旅游业务，如建立陶然古镇，将农村资源优势和城市消费需求有机结合，推动农村经济的多元发展。借助乡村旅游发展，陶然居不仅满足了城市消费者对休闲、度假、体验的需求，同时也为乡村居民提供了就业机会和经济收入，实现了联农带农的产业融合和互利共赢。

以特色餐饮为核心，构建现代产业链。陶然居着重打造"一核带五改"的标准化经营联结模式，以品牌特色餐饮为核心，逐步向前后延伸产业链。随着乡村旅游业务的逐步发展，陶然居整合了高效生态观光农

重庆陶然古镇

业、体验式农业、瓜果蔬菜采摘、明清皇家园林建筑、民居四合院等资源，形成了集多种产业要素为一体的现代新型产业链。这种新型产业链的构建，不仅带动了农业产业化和现代化发展，也为乡村居民提供了多样化的就业机会，推动了农村经济的转型和升级。

制定"五转变"策略，促进可持续发展。陶然居以品牌特色餐饮为核心，制定了"五转变"策略：一是带动农业产业化，促进生产经营方式的转变；二是带动农民就业，促进就业方式的转变；三是带动新农村建设，促进生活方式的转变；四是带动城乡交流，促进思维方式的转变；五是带动餐饮文化建设，促进行业发展理念的转变。陶然居致力改变传统农村经济模式，带动农业产业化的发展，通过提供专业技能培训，培养了一大批农村务工青年和农民创业者，使他们能够掌握生产务工技能，提高就业能力，实现增收致富。与此同时，陶然居还积极推动新农村建设，改善农民的生活方式，鼓励城乡交流，推动人们的思维方式转变，推动餐饮文化建设，提高行业发展理念，这些转变不仅促进了农民增收致富，也对陶然居的可持续发展产生了积极影响。

三、基本经验与启示

（一）量力而行，尽力而为

陶然居作为一家民营企业，始终坚持量力而行的原则，不盲目追求规模扩张。企业的可持续发展和社会责任密切相关，在公益事业的参与方式上，陶然居选择了与企业自身能力和特点相契合的方式。本着实干精神，将稳扎稳打作为重要策略，在参与公益事业时注重确保实际效果、可持续性而非一时的浮华，着重考虑企业资源的合理分配，避免因盲目捐赠和过大的负担影响企业的健康稳定发展。陶然居以实际行动诠释了企业承担社会责任的重要性，并通过量力而行、稳扎稳打的策略，将企业的发展与承担社会责任相结合，真正回馈社会，为社会繁荣和可持续发展贡献一分力量。

（二）挖掘特色，发挥优势

产业振兴是乡村振兴的重中之重。在发展乡村产业的过程中，陶然居紧密围绕"土特产"产业进行布局，深入了解和挖掘更多具有地方特色的农产品，并纳入产业链条。陶然居充分发挥自身的品牌影响力和市场实力，将这些农产品推向市场，提升了乡村产业的竞争力。同时，陶然居采取一二三产业融合发展的策略，在乡村兴办农产品种植加工基地、畜禽特色养殖基地等各类基地，进一步扩大了产业规模，实现了农业、加工业、服务业的有机结合，形成了产业融合的新格局，促进了乡村的全面发展。陶然居积极强化自身的发展，成为乡村产业的龙头企业；通过不断完善产业链条，提高自身的产业竞争力，带动了周边农户和中小企业的发展，形成了良性的产业生态；通过深入挖掘当地特色农产品，强化产业链条，培育新的业态和品牌，实现以产业振兴推进乡村全面振兴。

（三）带动各方，合作共赢

陶然居在推动乡村振兴工作中始终倡导多方合作、形成合力，以实现更大的社会效益。陶然居深知单凭个体力量难以达成宏大的远景目标，因此坚持邀请各方共同参与，以共建共享的理念推动乡村振兴。为了实现这一理念，陶然居积极组织会员企业参与乡村振兴。陶然居与其他民营企业建立了合作伙伴关系，共同投入资源和资金，形成了政府、企业、高校、村集体和村民之间的利益共同体。通过这种合作模式，陶然居成功地将各方的优势最大化，实现了经济社会的共同繁荣。在这个合作体系中，陶然居担当着引领和带动的角色，凭借自身品牌影响力和市场实力，吸引了更多的合作伙伴加入乡村事业中。陶然居不仅向低收入农村地区提供了经济援助，还输送了先进的管理经验和技术，帮助当地产业发展壮大，提高农民收入。与此同时，陶然居也获得了稳固的市场地位和品牌声誉，实现了自身的可持续发展。这种合作共赢模式成为陶然居成功发展的重要保障，也为其他企业和地方提供了可借鉴的经验。

正宇面粉有限公司

坚守好品质　稳步向未来

　　正宇面粉有限公司（以下简称正宇面粉）位于安徽省涡阳县，自2005年成立以来，经过近20年的努力发展，从无到有、从小到大、由弱变强，获得了跨越式发展，已经形成研发、种植、加工、贸易、餐饮、物流一体化的产业格局，是安徽面业的代言品牌。2023年，正宇面粉拥有职工566人，占地面积600亩，拥有5条面粉生产线、3条挂面生产线和1条面叶生产线，年加工原粮100万吨、挂面9万吨、面叶3万吨，原粮仓容22万吨，总资产已达9.5亿元。先后荣获农业产业化国家重点龙头企业、全国小麦粉加工50强企业、第一批国家级粮食应急保障企业等殊荣。

正宇面业集团

一、企业发展路径

正宇面粉目前拥有"正宇""豫隆""津道圆""天下一皖""正宇面业"等小麦粉主导系列产品。2005—2021年，正宇面粉产能提高16倍，日加工小麦能力从当初的150吨提高到2 000吨。产品畅销全国各地，深受广大消费者的垂爱。

（一）严格把控产品质量，打造企业优质品牌

正宇面粉在创立之初，牢固树立质量意识。在粮食收购环节，从源头严把原粮质量关，按照国家粮食质量标准进行质量检验，不合格的粮食严禁入厂。在粮食保管阶段，推行科学保管方法。在面粉加工生产工作中，加强流程控制，强化检测手段，严格落实每一个环节的管控点。正宇面粉对产品质量的严格管控为打响正宇品牌打下了坚实基础，而正宇品牌的建立正是正宇面粉在日益激烈的企业竞争中能够生存并不断发展的重要原因。创品牌是企业竞争取胜之道，随着企业由单一的商品质

正宇面粉系列产品

量竞争转向综合实力的竞争，提升企业形象和确立品牌地位成为众多企业的努力方向。正宇面粉从产品质量和企业管理等方面加快改进，设立专门的品质管理部，负责监督、管理产品的质量，让消费者买得放心、吃得安心，逐步获得了消费者的由衷认可，产品市场占有率和竞争力大幅提升。

（二）注重技术与产品研发，引进高端生产设备

科技创新是企业永葆活力的源泉，正宇面粉通过不断加大技改力度，提高装备水平，促进企业生产上规模、技术上水平、产品上档次。

加大技术研发力度，提升核心竞争力。正宇面粉与河南工业大学、安徽农业大学、武汉轻工大学建立了长期合作关系，形成了产学研相结合的产品研发体系。依托亳州市正宇面粉食品研究所、安徽省级工业设计中心、安徽省级企业技术中心等研发机构，先后获得8项发明专利、21项实用新型和33项外观设计国家专利，制定企业标准7项，牵头制定团体标准2项，并研发出"7+1营养面"、面包、饺子、烩面等6种专用粉，

正宇特色风味营养挂面系列

8种颇具特色的风味营养挂面，以及适应新时代市场的高档包点粉、蛋糕粉等新品种，逐步成长为行业标杆，为企业长期发展奠定了市场基础。

改造提升生产线，提高生产效率。2005年至今，正宇面粉历经六次生产线改造升级，引进高端磨粉设备，改进制粉工艺，通过引进生产管理系统（Manufacturing Execution System，MES），提高了生产管理效率，能够实时分析生产成本和生产过程中出现问题或异常，精准分析原因并提供解决方案，减少不必要的损失和防止"跑冒滴漏"，同时也能管控人为错误造成的损失。不断加大科研投入，提高小麦出粉率，减少加工环节的粮食损耗。小麦平均出粉率从最初的74%提高到如今的77%，每年多出面粉近2 000吨。

（三）提升生产线智能化水平，打造产业链一体化系统

随着人工智能在加工业应用潜力的不断挖掘，智能生产已经成为未来企业生产管理的重要方向，为此正宇面粉对生产线进行全面智能化改造升级，减少微生物的存在，提高产品质量的稳定性。增加色选机、擦

安徽正宇面粉智能化生产车间

麦机、振动着水机、纯净水润麦机等设备，小麦清理工艺采取"三筛、一擦、一剥、一精选、两去石、两色选、两润麦"；制粉工艺采取"六皮、八心、三渣、两尾、十七道清粉"，并且有精配粉技术。在加工过程中，通过控制微生物的数量、提升生产线的智能化水平，确保产品质量的稳定性。从小麦种植、小麦收购、小麦加工生产、面粉仓储、面粉流通、面粉销售等小麦加工销售全过程建立可追溯系统，进一步构建质量检测及溯源体系，提高产品产值，提升产品质量。

运用智能化技术装备，科技含量稳步提升。通过运用智能机器人、工业物联网、网络安全等核心技术，正宇面粉将加工生产、供应链以及仓储物流整合成一个系统，实现生产、计划、物流、销售、用户的完整统一，提高了生产效率和安全生产水平。同时，与县发展改革委（县粮食和物资储备局）合作建设22万吨粮食应急智能化仓储物流项目，不断夯实企业发展基础。

（四）延长产业链条，构建农业全产业链

正宇面粉在面粉加工产业基础上逐渐延长产业链条，努力让每一粒小麦"物尽其用"。一粒粒经清选、润湿后的小麦，被传送到制粉车间里的磨粉机进行加工，经过50多道磨粉工序后，最终生产出一袋袋可供食用的精制面粉。向后端延伸链条，深加工面粉产品，目前拥有面粉、挂面、面叶、刀削面等系列产品。2023年，围绕小麦精深加工、延长绿色食品产业链，正宇面粉与国内知名企业共同建设正宇食品产业园，并力求五年内将产业园打造成"百亿级"，其中一期建设项目包括与福建泉州合作的非油炸方便面生产项目，与福建沙县小吃城合作的速冻食品项目。通过与福建沙县小吃城合作建设速冻食品项目，与福建晋江卡优力合作建设非油炸（方便面）项目，与福建蜡笔小新集团合作建设休闲食品项目，与山东圣儒食品有限公司和贵州金沙禹谟泡木湾酱香醋公司合作建设养生醋（药香醋）生产项目，与麦创新国货赋能中心合作建设大豆综合加工项目，不断丰富产业园的产品种类。此外，正宇面粉积极推动构

建农业全产业链，投资2.6亿元建设日产2 000吨绿色营养强化及高端复配专用小麦粉生产线改扩建项目，2023年底竣工，投产后可以实现本地优质小麦资源的就地转化，能够带动种植业、物流业、建筑业及金融业等相关产业的发展。

（五）发挥产业龙头带动作用，打造百亿级食品产业基地

随着产业链的发展壮大，正宇面粉吸引了一大批企业管理、科技研发、生产经营等方面的人才来涡阳发展、创业，为全面推进乡村振兴汇聚智慧力量、提供人才支撑。与此同时，正宇面粉积极探索实施"公司＋基地＋园区＋客商＋终端"的运作模式，构建起从种子到食品的全产业链融合发展新模式，努力打好打响绿色健康食品品牌。正宇食品产业园的建设，对调整产业结构、增加就业岗位、促进农民增收、巩固拓展脱贫攻坚成果同乡村振兴有效衔接、推进经济社会高质量发展发挥了积极而重要的辐射带动作用。

集群发展持续加力，正宇食品产业园在满足企业的基础服务需求之余，将基于企业特点、产业类型，为企业提供定制的信息化增值服务，建立园区资源共享、互联互通服务体系的产业生态圈，从而实现园区可持续发展。在产业园功能定位与布局、商业模式、经济效益、园区产业平台的顶层设计等方面，坚定不移地实践创新、协调、绿色、开放和共享的新发展理念，以"生产模式升级"和"生产要素升级"为抓手，通过科技创新、战略重组和产业自动化转型，促进传统产业效率提升、打好打响园区优质品牌。

二、联农带农实践

（一）合作参与产业扶贫，提高贫困户经济收入

2017年涡阳县为推动产业扶贫实施"1531"行动计划，发挥徽酒集团、源和堂、正宇面粉、源和堂、黑娃炒货、春秋商贸等30家龙头企业

的产业扶贫作用。在涡阳县政府组织下，正宇面粉积极参与产业扶贫，履行应尽的社会责任。通过就业扶贫、教育扶贫、农技培训、建设扶贫车间和产业扶贫等多种方式，以实际行动助力脱贫攻坚。与大高村签订了4 700亩的优质小麦种植扶贫协议，正宇面粉提供优质小麦新麦26良种，以高于市场0.12～0.20元/千克的价格回收。该协议可增加低收入家庭的收入，也可增加全村人员的经济收入。向涡阳县扶贫事业发展协会捐献16万元，用于扩大大高村的优质小麦种植，受到了社会各界的广泛赞誉。与帮扶工作组共同出资建设特色蔬菜种植大棚30亩，其中正宇面粉出资5万元，安置大高村低收入户72户就业；72户被安置的低收入户通过学习蔬菜种植技术及付出劳动获得报酬，并享受大棚建设全部国家资金补贴，待大棚收回投资后，可获得大棚种植收益。此外，积极参加助残、助学等社会公益活动，创造就业机会，促进和带动区域经济发展。先后对失学儿童、家庭经济困难大学生、孤寡老人等弱势群体进行多次帮扶，累计向社会捐助560余万元。

（二）推广连片种植，促进农民增收

"好产品离不开好原料"，正宇面粉充分发挥在新农村建设方面的龙头带动作用，以"公司＋基地＋协会＋农户＋合作社"经营模式组建联合体，积极流转土地，推广连片种植，打造长三角绿色农产品生产加工供应基地，既保障企业产品质量，又促进农业增值、农民增收、村集体得利。截至2022年底，正宇面粉共流转土地38 217亩，被流转土地的农户可以通过参与田间管理和到企业务工获得二次收益，每年人均收入58 000余元，目前涉及土地流转农户527人，此项合计增收3 000余万元。通过建设连片优质小麦生产原料基地，带动当地种植业与加工业的高度融合，通过产销对接、优质优价，也增加了农民的收入。正宇面粉与种植户签订了联合种植、托管服务协议，指导农民科学种植优质单品种小麦，统一收购，收购价格每千克较市场价高出0.2元，仅此一项使农民亩均增收近百元，促进当地群众增产增收和共同致富。

正宇面粉总经理深入种植基地查看小麦品质

（三）开展订单农业，建立利益共同体

以"增品种、提品质、创品牌"为目标，推行"十统一"的运作模式，采取"八具体"的管理方法，正宇面粉在产前、产中、产后为农户提供全方位的优质服务。通过开展订单农业，签订回收合同，截至2022年底，正宇面粉订单种植基地面积323 918亩，带动农户达53 986户。产后以平均高于市场价0.16～0.24元/千克回收订单小麦，仅此一项每年可为农民增收3 200余万元，提高了农户种粮积极性。正宇面粉通过合同订单、合作等方式，走"产、供、销、服"一体化的经营道路，以发展绿色高质、高效生态农业，实现粮食产业兴旺，一方面有利于农民增收、农业增效，另一方面有利于确保食品加工安全，满足消费者对优质粮油产品的需求，助推企业发展。利用智能化生产设备，正宇面粉年小麦加工量50余万吨，带动了周边运输业及粮商的迅速发展，为其收粮运货的人员达1 000余人，各种运输车辆300余辆，粮商及运输户年收入均在5万元以上，不但有效安置农村剩余劳动力，而且农户收入增长显著。正宇面粉探索建立的"正宇面粉+正宇农服+村'两委'+合作社+农户"

运行模式，建立了与广大农户紧密联系的利益共同体，实现了粮食产业兴旺、农民增收、企业增效的共赢目标。

（四）搭建信息服务平台，助力农产品"营销市场化"

正宇面粉以村为单元，为订单农户及农业托管农户提供种子、播种、农药、植保、收购、销售等服务。充分利用"互联网+"模式，搭建农业信息共享平台，积极开展电商销售。2013年9月，组建电商营销专业团队，先后与浙江天猫网络有限公司及淘宝网、阿里巴巴等平台签订了网上销售合作协议，在网络平台上实施农产品的交易，以低成本、高效率、无地域壁垒等优势，将农产品的产前、产中、产后诸多环节有机结合，有效地解决农产品生产与市场信息不对称的问题，提高了农产品的组织化程度，为农产品流通注入了新的生机和活力。

三、基本经验与启示

（一）立足本地资源优势，推进农业产业化发展

建设现代农业首先要构建扎实的产业支撑，提高农业专业化和技术水平，为现代农业建设夯实产业基础。涡阳是全国粮食生产先进县标兵、国家级制种大县、国家农产品质量安全县，2023年实现小麦总产量91.19万吨，已连续三年实现夏粮总产全省第一，小麦单产连续四年刷新全省最高纪录。涡阳县聚焦绿色农产品生产加工供应基地建设，突出龙头带动、产业集聚、补链强链，全力推进农业产业化发展。产业化的快速发展能够为现代农业建设提供各种先进生产要素，不仅体现在物资、资金等有形资本上，更体现在管理方式、组织形式的改进以及各要素间的相互整合上，使得农业能够有效实现符合本地区发展的良性循环。农业产业化的发展深化了农业分工，延长了农业产业链，正宇面粉构建的产前、产中、产后和相关产业带动的全产业链条，形成了产业集群式的规模效应，为区域经营的可持续发展提供了良好的产业生态。

（二）加强生产技术研发，推进技术应用推广

在企业转型升级过程中，需要加强技术研发投入，充分发挥科学是第一生产力的重要作用。我国农业科技研发投入强度长期偏小，与世界发达国家相比有着较大的差距，通过技术发展实现农业产值增长的潜力较大。正宇面粉在发展过程中积极寻求与高校、科研机构的合作，通过校企联合等方式加强生产技术研发，提高产品品质和生产效率。由于农业生产的特殊性，在农业产业链的多个环节需要持续的研发投入，积攒优势。在原材料环节，加快新品种、新技术的使用和农业科学技术的推广，企业应建立健全完善的农业技术推广体系，通过各种方式积极推进新技术的应用和新产品的示范推广，使科技力量及时融入基层，并辅之以技术指导及配套设施。正宇面粉的发展历程证明，聚焦产业链的关键环节打造核心能力，可以构建企业的"护城河"，为产业链条升级提供新技术、新品种、新设施，为发展注入源源不断的活力。

（三）建立利益联结机制，共享产业融合发展成果

通过探索订单农业、股份合作、农企合股、分红奖励等模式，构建紧密的利益联结机制，让新型农业经营主体通过要素流动和参与分配等方式，充分分享产业链增值的收益。正宇面粉秉承立足"三农"、服务百姓的发展理念，积极实行农服托管，推行"公司+基地+协会+农户+合作社"的运作模式，采用"十统一"的管理方法，在产前、产中、产后为农户提供全方位的优质服务，产后以高于市场的价格回收订单小麦，大大提高了农民种粮积极性；同时组织农户专业技术技能培训，为农户提供技术指导，提高了农户的种粮应用技术水平。正宇面粉先后投资600余万元建立优质小麦种植基地、示范基地，签订订单农业合同；先后与涡阳10余个乡镇，建立生产基地30余万亩，带动15万余户农民进入联合体，有效地把数万余农户整合为一体；在农服托管过程中，为农户推荐农业保险，减少了在灾害之年的损失；为农户推荐"农耕贷"，解决了合

作社、包地大户的资金周转压力，与农户形成风险共担、利益共享的新型农业产业经营模式，有效提高了农业竞争力。

（四）发展社会化服务，提升本地配套产业科技水平

发展农业社会化服务，是实现小农户和现代农业有机衔接的基本途径和主要机制，是激发农民生产积极性、发展农业生产力的重要经营方式，已成为构建现代农业经营体系、转变农业发展方式、加快推进农业现代化的重大战略举措。涡阳县正宇农作物种植专业合作社、亳州多谷农业发展有限公司和安徽正宇供应链有限公司在正宇农产品生产加工基地建设核心区和示范区10万亩，建立了"正宇面粉+正宇农服+村'两委'+合作社+家庭农场+种粮大户+农户"的运行模式。正宇面粉在县农业农村局和县农技推广中心的直接帮助和支持下，通过与亳州市农业科学研究院紧密合作，建立农业托管服务公司，签订农业生产服务合同，保证农业稳产、增产、高产，实现真正的农企互利共赢。

青援食品有限公司

勇立潮头搏浪行　乡村振兴风帆劲

　　青援食品有限公司（以下简称青援食品）始建于1985年，前身为山东省沂水县青援食品厂，1998年改制为山东青援食品集团有限公司，2003年10月正式成立，占地面积350亩，投资1.2亿元。2010年组建青援集团，目前集团拥有青援食品有限公司、青援生物科技有限公司、青援热电有限公司、山东优佳置业有限公司。青援食品是中国食品工业百强企业和中国食品工业优秀食品龙头企业，主要产品有方便食品、休闲食品、调味食品、淀粉糖产品、小麦粉产品、包装印刷六大系列近300个品种，年产食品能力60多万吨。

青援食品有限公司

一、企业发展历程

青援食品打造的"青援"商标荣获中国驰名商标，生产的淀粉糖系列产品被评为山东名牌产品，方便面系列荣获第二届全国农业产品博览会银奖。企业现已通过ISO 9001质量管理体系认证、ISO 14001环境管理体系认证、ISO 22000食品安全管理体系认证、ISO 18001职业健康安全管理体系认证、HACCP危害分析与关键控制点体系认证。目前，青援食品拥有日产250吨高档面粉生产线1条、高档饼干生产线4条，投资1亿元打造现代化食品生产基地。产品销往全国20多个省份，并远销俄罗斯、哈萨克斯坦、尼泊尔、以色列、韩国、德国、越南、朝鲜等国家和地区。2018年共实现工业总产值17亿元，销售收入16.8亿元，出口交货值900万美元，利税1.2亿元。

（一）立足"青援"帮扶，丰富产品种类

青援食品名字有着特殊的起源，其前身为山东省沂水县青援食品厂，是由青岛食品厂对口支援而建立的食品企业，"青援"一词由此得来。建厂初期，仅有职工79人，占地面积23亩，主要生产设备为生产一般糕点的2支小土炉。1987年只有饮料、糖果、饴糖和水果糖生产线，产品类型单一。1989年在青岛食品厂的支援下，引进钙奶饼干生产线一条，1990年启用方便面生产线，此后开始进入快速发展阶段。1994年投资3 500万元，征地160亩，扩建饼干、方便面、糖果、淀粉糖、印刷、纸箱等项目，新上乳制品、肉制品等项目，创造了全县乡镇企业发展史上的奇迹。当年完成产值1.6亿元，利税1 137万元，成为沂水县第一个利税过千万元的企业。1995—1998年，先后投资3 000余万元，增加方便面、杏元、乳制品、肉制品等十几条生产线，研发了威化饼、火腿肠等20多个品种，产品品类更加丰富。

（二）紧跟市场发展趋势，加快生产技术革新

随着高档食品市场需求不断扩大，青援食品及时采取扩张战略，紧跟市场发展趋势，适时引进高档生产线和先进加工生产设备，加快生产技术革新，为企业发展注入了源源不断的活力。1999年6月，青援食品一次性征地140亩，投资1.2亿元，建成年产30万吨玉米深加工项目和6 000千瓦热电车间。2003年，征地350亩，投资1.2亿元，新建五分公司，新增日产250吨高档面粉生产线、2条高档印刷生产线和4条高档饼干生产线，扩建2台6 000千瓦热电机组，并于2004年7月全部投产。2004年以来，青援食品先后投资数千万元，实施了沼气发电、烟气脱硫、污水处理、水循环利用、淀粉糖设备工艺制造等技术改造项目，引进了高档方便面、辣酱、八宝粥等先进生产加工设备。从调整产品结构、降低生产成本入手，大力实施产品技术改造，相继实施了豆渣分离生产豆浆、淀粉生产提高胚芽出品率和淀粉糖生产线麦芽糖提质降耗技改项目。2010年6月，投资3亿元，年产20万吨糖醇项目开工奠基，并于2012年底顺利竣工投产。2011年5月，投资4亿元在五分公司开工建设现代化食品

青援食品系列产品

基地。自此，青援食品跨上了一个崭新的台阶，企业发展走上了快车道，成为全省乃至全国一流的食品生产企业。

（三）优化产品结构，定位细分市场

青援食品在充分开展市场调研的基础上，敏锐意识到钙奶饼干行业未来将逐步走向细分市场和功能诉求市场，差异化生产的产品结构优化势在必行。为实现钙奶饼干产品升级，继续保持产品在消费者心目中营养补给品的定位，同时结合不同群体的多种诉求，青援食品制定了具有针对性和精细化的产品升级方案。针对年轻消费群体，开发了以表面喷浆、涂层、撒料以及后调味为主的产品，重在突出产品差异化特性，顺应年轻人的时尚消费习惯；针对老年消费群体，聚焦健康、营养主线，开发全谷物、功能性、低能量、无糖类休闲食品等系列；在包装设计方面，开发独立小包装、包装设计新颖的产品，通过细分产品迭代升级，保证产品结构适应市场需求，保证产品形象维持新鲜活力。

青援食品中老年硒锌钙奶饼干

（四）延长产业链条，拓展企业增长点

近年，市场竞争愈加激烈，食品行业开始逐步向具有规模优势的规范性企业集中，青援食品经过几十年的发展积累已经具备了从单一化到

多元化发展的条件。青援食品开始进一步延伸产业链条，补强产业链短板，扩展销售领域，增强企业发展新动力，实现更大规模、更高水平的服务。2023年，青援食品新建农产品深加工绿色工艺系统集成等项目，投入绿色技术，加快产业链的集成融合，实现优势互补、信息共享、协调发展，推动产业纵向深化、横向拓展、深度融合；与此同时，聚焦企业实际困难，精准投资、协同发力，加快补齐产业发展中的短板漏洞，赋能企业高质高效发展。

（五）注重产品清洁生产，提高产品安全保障

食品安全是社会安全的基础和保障。为确保消费者"舌尖上的安全"，青援食品任命副经理专门负责食品安全工作，同时成立食品安全管理小组（HACCP小组）、质量环境管理小组以及食品安全信息站，不断提高各岗位工人的食品安全意识，形成了企业上下人人关心、重视、支持、落实食品安全的良好局面。在建立食品安全长效机制方面，青援食品实施了产品质量和经济效益挂钩机制，推行了质量安全责任追究制度，完善了安全应急救援方案，可以对突发性质量、食品安全事件迅速作出反应。在废弃物排放方面，将工业"三废"（废气、废水、废渣）进行绿色化处理或者回收利用，有效地提高了资源利用率，减少了对环境的污染。在清洁生产方面，要求不能用有毒有害的原料，选用少废、无废工艺和高效设备，采用可靠和简单的生产操作和控制方法，产品设计少用昂贵和稀缺的原料，产品的包装要合理，产品使用后要易于回收、重复使用和再生。

青援食品 HACCP 体系认证证书

（六）打造"青援"品牌，提升品牌影响力

品牌作为企业产品的标签，是影响众多消费者做出购买决策的重要因素，品牌认可度关系着企业能否在激烈的市场中站稳脚跟，为此，青援食品通过各种宣传手段打造"青援"品牌，提升品牌影响力。一是立足电视媒介广告加强宣传。近年，在央视和各卫视等持续投入宣传费用，利用广告宣传品牌。二是加强墙体、车体、销售终端、销售门店等户外广告的宣传力度。采取和经销商合作开发户外广告的形式，让"青援"品牌广告遍布各区域市场，提升品牌价值。三是积极参加中国糖果零食展、"产自临沂"优质农产品走进长三角（杭州）农业产业"双招双引"推介会等展会活动，提升企业知名度，占领品牌高地。四是本着"诚信经营，质量第一"的理念，始终把产品质量放在第一位，从原材料进厂层层检验，严格生产过程管理，到精细的出厂检验，严把质量关，以高品质的产品赢得市场，努力把"青援"品牌提升到一个全新的高度，开发高附加值的产品，增强产品竞争力，提升品牌影响力，为消费者提供更加健康、安全、放心的食品。

二、统一服务助农增收

（一）深度参与助力脱贫攻坚，持续帮扶助农惠农暖人心

"建档立卡电脑管理"是扶贫开发基础性的工作，也是关键性的工作。为顺利推进扶贫开发"规划到户、责任到人"工作的全面落实，青援食品指定了专人负责贫困户建档立卡、电脑管理及统计分析等工作，助力沂水县打赢脱贫攻坚战。一是完成了贫困户建档立卡、录入电脑管理工作，做到贫困户档案齐全、装订成册，并与电脑系统同步，将定点帮扶贫困村及贫困户的责任人、具体发展规划和脱贫措施等基本情况录入电脑，实现网上查询；二是建立了帮扶台账，完成了山东省统一制定的贫困户《帮扶记录卡》填写工作，做到贫困村、贫困户以及帮扶单位

责任人分别持有《帮扶记录卡》，并同步录入"规划到户、责任到人"信息管理系统，实现了对贫困户的动态管理。

青援食品按照全县扶贫工作统一规划和安排，2020年帮扶贫困户400户，2021年帮扶脱贫户15户，通过向低收入农户提供经济扶持、帮助低收入农户积极从事农业生产等方式，提高农户获取稳定经济收入的能力。此外，2021年青援食品向沂水县慈善总工会捐献10万元，助力沂水县扶贫工作顺利开展。

（二）发挥示范带动作用，促进一二三产融合发展

作为农业产业化国家重点龙头企业，青援食品积极引导带动食品加工相关企业发展，提供技术指导，传授管理经验，助力拓展产品销售渠道等。沂水县累计发展大小食品厂家300多家，产品有休闲食品、调味食品、功能食品、玉米淀粉糖、酶制剂、食品添加剂、糖果等33个门类1 000余个花色品种，覆盖了整个食品领域，年产食品达280万吨，产值

2023年首届山东（沂水）食品博览会

近百亿元，成为全国闻名的"食品城"。

"食品城"提高了沂水食品产业资源、农业生产资源、劳动力资源等区域资源利用的经济效率。沂水"食品城"带动了农产品种植、面粉等农产品加工、牲畜养殖等配套产业发展，以及运输、餐饮、旅游等第三产业发展，既纵向延伸了食品产业链、提升了区域食品产业链的整体附加值，又横向促进了种植业与养殖业的"种养结合"发展、一二三产融合协同发展。同时，沂水食品加工业及相关产业的全面发展，吸纳大批农村富余劳动力，实现了农村劳动力的再就业转移，加快了沂水县农民脱贫致富奔小康的步伐。

（三）推动构建农业产业化联合体，完善"户企"合作利益联结机制

青援食品充分发挥龙头企业在农业产业化联合体中的引领作用，推动农业产业化联合体构建，推进农业产业链转型升级。一是立足当地资源优势，大力发展专用粮食加工业，目前已实现年加工玉米50万吨、小麦12万吨，生产动能充足，不仅能提高粮食产品附加值、增加农产品种植农户的收入，还能带动粮食加工产业链的全产业链升级。二是制定农产品生产、服务和加工标准，示范引导加入联合体的农民合作社和家庭农场从事标准化生产，推动沂水县农业产业的规范化、标准化、现代化发展。三是为推动粮食产业化发展，在县内外建立了80万亩专用粮食生产基地，完善户企合作的利益联结机制，通过村民委员会、乡镇政府、合作社等组织与30万户农户建立紧密利益联结机制，每年与基地农民签订粮食种植和高于市场价5%的保护价收购协议，并为基地农民提供技术培训、配套物资等生产经营服务，发放技术资料5万册，组织专家授课50余次，组织农民培训5万人次，带动了一大批农业专业户、专业村、专业镇发展，有力促进了沂水县种植业、养殖业的产业化发展，形成了"公司+合作组织+农户基地"的联合体发展机制，既带动农户实现年增加收入5 000多万元，提高了农户种粮积极性，又较好地解决了企

业专用粮生产、加工、销售问题，促进了企业自身发展和当地农业产业化建设进程。

三、基本经验与启示

（一）制定科学发展战略，加强生产技术创新

发展战略是企业的生命线，对企业未来发展方向与发展目标具有决定性作用，而生产技术与产品的创新是企业维持长久生命力的重要源泉。科技是第一生产力，加快实现高水平科技自立自强，是推动企业高质量发展的必由之路。青援食品在发展的过程中，不仅根据企业和市场现状制定了有效的企业发展战略，还立足青援自身发展、集合资源优势、洞察市场经济发展变化，不断优化发展战略，及时"补短板"，探索新形势下适宜自身发展的、"差异化+多元化"的经营模式，积极研发新产品、提升企业管理水平、拓宽销售渠道、打造优质产品品牌并发挥企业优势，从而保障了青援食品能够持续经受住市场的检验，取得长期、稳定、可持续的经营发展。科学合理的经营战略是青援食品实现可持续发展的"定心丸"，保障了企业的有序发展和市场活力。青援食品立足不同功能定位和价值主张细分市场，结合消费者的消费需求、消费习惯、消费能力，实施了产品多元化战略，细分产品种类、增加产品总种类、扩张产品线、丰富产品功能、完善产品结构，努力满足消费者的多样化需求，不断扩大市场占有份额；注重产品包装创新，保证产品形象维持新鲜活力，能够灵活适应市场潮流。青援食品的迅速发展壮大，也带动了沂水地区旅游业发展，使得消费者的多样化需求不断在更高层次上得到满足，也提升了青援产品在市场上的综合竞争力。同时，青援食品还实时跟进市场竞争力的分析，在产品细分的同时，实施差异化定价策略，保证了产品的高性价比优势。

青援食品十分看重科技创新在赋能企业高质量发展中的重要作用，坚持把加快企业科技进步作为促进企业发展的重要抓手。注重新产品的

研制开发，成立了食品研究所和新产品开发领导小组，在高技术高附加值上下功夫，狠抓技术改造，以科技为先导，以提升质量水平为目标，使产品结构更加合理、产品竞争力进一步增强。

（二）充分发挥龙头企业优势，推动县域产业一体化发展

食品加工业是与农业生产结合最紧密的产业，是推动一二三产业融合的重要连接点，在结合当地农业生产资源的基础上，龙头企业具备推动县域产业一体化发展的优势。青援食品作为农业产业化国家重点龙头企业，拥有先进的食品加工生产技术、现代化的生产管理模式以及多样化的产品销售渠道，通过将企业自身优势对口支持沂水县其他食品加工企业发展，可以使中小企业获得更多的技术支持和市场资源，从而提高自身的竞争力，实现产业链的优化和升级。同时，食品城的成功实践表明，龙头企业在资源配置和产业布局方面具有一定的优势，可以为县域产业的一体化发展提供重要支持。通过与龙头企业合作，县域内产业可以实现资源整合和产业协同，形成产业集群效应，促进了相关企业专业化分工协作发展，提高区域产业整体经济效益和竞争力。食品城的发展不仅仅是单一产业的发展，更是整个区域产业结构的优化和升级。通过食品城的建设，农产品种植、加工和销售形成了良性循环，种植业与养殖业得到了有机结合，形成了多元化发展的产业链条。这种产业链的完善，不仅提高了农产品的附加值，还为当地农民提供了更多的就业机会，改善了农村的经济状况。这种产业融合发展模式，为沂水县农民致富增收提供了可持续的路径，也为全面建设小康社会贡献了力量。

（三）创新户企合作多样化形式，促进农业现代化发展

青援食品与当地政府、合作社等组织开展户企合作模式的成功实践，为企业和农户带来了可观的收益，形成了紧密的利益联结机制。通过专家授课、发放农业技术资料等方式，提高基地农民专业化种植水平，有

力促进了沂水县种植业、养殖业的产业化和现代化发展。农村地区由于资源分散、农户信息闭塞等，农业生产方式和经营模式相对滞后，急需创新发展路径。在这一背景下，创新户企合作多样化形式，成为推动农业现代化发展的重要途径，户企合作平台为农户与企业进行深度合作提供了条件。通过示范引导，加入联合体的农民合作社和家庭农场可以学习和引进先进的生产技术和管理模式，提高农业的生产效率和农产品质量，增强农产品的市场竞争力，推动传统农业向现代农业转型。

附录 | APPENDIXES

一、关于规划发展的相关政策

◎《"十四五"推进农业农村现代化规划》

国务院 2021 年 11 月 12 日印发。文件安排了七方面发展任务：一是夯实农业生产基础，落实藏粮于地、藏粮于技，健全辅之以利、辅之以义的保障机制，提升粮食等重要农产品供给保障水平。二是推进创新驱动发展，深入推进农业科技创新，健全完善经营机制，推动品种培优、品质提升、品牌打造和标准化生产，提升农业质量效益和竞争力。三是构建现代乡村产业体系，加快农村一二三产业融合发展，把产业链主体留在县域，把就业机会和产业链增值收益留给农民，提升产业链供应链现代化水平。四是实施乡村建设行动，聚焦交通便捷、生活便利、服务提质、环境美好，建设宜居宜业乡村。五是加强农村生态文明建设，推进农村生产生活方式绿色低碳转型，建设绿色美丽乡村。六是加强和改进乡村治理，加快构建党组织领导的自治法治德治相结合的乡村治理体系，建设文明和谐乡村。七是实现巩固拓展脱贫攻坚成果同乡村振兴有效衔接，增强脱贫地区内生发展能力，让脱贫群众过上更加美好的生活，逐步走上共同富裕道路。

◎《全国现代设施农业建设规划（2023—2030 年）》

农业农村部、国家发展改革委、财政部、自然资源部 2023 年 6 月 9 日联合印发。文件明确建设以节能宜机为主的现代设施种植业、以高效集约为主的现代设施畜牧业、以生态健康养殖为主的现代设施渔业、以仓储保鲜和烘干为主的现代物流设施等四方面重点任务；部署实施现代设施农业提升、戈壁盐碱地现代设施种植建设、现代设施集约化育苗（秧）建设、高效节地设施畜牧建设、智能化养殖渔场建设、冷链物流和烘干设施建设等六大工程；明确提出强化组织领导、政策扶持、指导服务、主体培育、宣传引导等五方面保障措施，对未来一个时期现代设施农业发展作出全面部署安排。文件提出，到 2030 年，全国现代设施农业规模进一步扩大，区域布局更加合理，科技装备条件显著改善，稳产保供能力进一步提升，发展质量效益和竞争力不断增强。设施蔬菜产量占比提高到 40%，畜牧养殖规模化率达到 83%，设施渔业养殖水产品产量占比达到 60%，设施农业机械化率与科技进步贡献率分别达到 60% 和 70%，建成一批现代设施引领基地（场、区），全国设施农产品质量安全抽检合格率稳定在 98%。

◎《"十四五"全国农业绿色发展规划》

农业农村部、国家发展改革委、科技部、自然资源部、生态环境部、国家林草局 2021 年 8 月 23 日联合印发。文件明确以高质量发展为主题，以深化农业供给侧结构性改革为主线，以构建绿色低碳循环发展的农业产业体系为重点，对"十四五"时期农业绿色发展作出了系统安排。到 2025 年，力争实现农业资源利用水平明显提高，产地环境质量明显好转，农业生态系统明显改善，绿色产品供给明显增加，减排固碳能力明显增强。

◎《县域商业三年行动计划（2023—2025 年）》

商务部等 9 部门办公厅（室）2023 年 7 月 27 日联合印发。文件提出建立县域统筹，以县城为中心、乡镇为重点、村为基础的农村商业体系。到 2025 年，在全国打造 500 个左右的县域商业"领跑县"，建设改造一批县级物流配送中心、乡镇商贸中心（大中型超市、集贸市场）和农村新型便民商店。90%的县达到"基本型"及以上商业功能，具备条件的地区基本实现村村通快递。

二、关于产业发展的相关支持政策

◎《关于保障和规范农村一二三产业融合发展用地的通知》

自然资源部、国家发展改革委、农业农村部2021年1月28日联合印发。文件指出要在用地空间布局上，提出县域、乡镇和村庄一二三产业融合发展用地的主要类型。引导盘活存量用地和每年新增用地向乡村产业项目和乡村产业聚集区倾斜。

◎《乡村振兴用地政策指南（2023年）》

自然资源部办公厅2023年11月14日印发。这是我国第一个乡村振兴用地政策指南，共包括11章45条，附录包括乡村振兴用地负面清单和引用的相关法律、法规、规章和文件清单两部分。文件在适用范围中将乡村振兴用地类型分为农村村民住宅用地、乡村产业用地、乡村公共基础设施用地、乡村公益事业用地、乡村生态保护与修复用地和其他符合法律法规及政策文件要求的乡村振兴促进活动涉及的用地，并依据《全国乡村重点产业指导目录（2021年版）》《国务院关于印发"十四五"推进农业农村现代化规划的通知》等文件，分别明确了具体的项目类型，增强了指南针对性。

◎《关于拓展农业多种功能 促进乡村产业高质量发展的指导意见》

农业农村部2021年11月17日印发。文件指出，以生态农业为基、田园风光为韵、村落民宅为形、农耕文化为魂，贯通产加销、融合农文旅，进一步做精做优乡村休闲旅游业。

◎《关于推动脱贫地区特色产业可持续发展的指导意见》

农业农村部等10部门2021年4月7日联合印发。文件指出，推动产业园区化发展。按照政策集成、要素积聚、企业集中的要求，每个脱贫县选择1～2个主导产业，建设农产品加工园区和农业产业园区，推动科技研发、加工物流、营销服务等主体加快向园区集中，引导资金、技术、人才等要素向园区集聚，促进特色产业全产业链发展，形成"一业一园"格局。现代农业产业园、科技园、产业融合发展示范园优先支持有条件的脱贫县。国家林业产业示范园认定向有条件的脱贫地区倾斜。加快推进脱贫县农业产业强镇、"一村一品"示范村镇建设，促进产村、产镇深度融合。

三、关于支持经营主体发展的相关政策

◎《关于促进民营经济发展壮大的意见》

国务院2023年7月14日印发。民营经济是推进中国式现代化的生力军，是高质量发展的重要基础，是推动我国全面建成社会主义现代化强国、实现第二个百年奋斗目标的重要力量。文件在持续优化民营经济发展环境、加大对民营经济政策支持力度、强化民营经济发展法治保障、着力推动民营经济实现高质量发展、促进民营经济人士健康成长等方面提出多项意见。

◎《关于促进农业产业化龙头企业做大做强的意见》

农业农村部2021年10月22日印发。文件明确提出"支持龙头企业参与优势特色产业集群、现代农业产业园、农业产业强镇等农业产业融合项目建设，相关项目资金向联农带农效果明显的龙头企业倾斜"，并提出到2025年末培育农业产业化国家重点龙头企业超过2 000家、国家级农业产业化重点联合体超过500个的总体发展目标，首次对农业产业化重点联合体培育建设提出明确要求。明确了龙头企业高质量发展的定位，并提出了五项重点任务。一是提高龙头企业创新发展能力，构建体系化、组织化、任务型创新联合体。二是提高龙头企业数字化发展能力，加强对生产、加工、流通和服务等全链条数字化改造，提高乡村产业全链条信息化、智能化水平。三是提高龙头企业绿色发展能力，围绕碳达峰、碳

中和目标，研究应用减排减损技术和节能装备，提升加工副产物综合利用水平。四是提高龙头企业品牌发展能力，打造一批具有国内、国际影响力的产品品牌。五是提高龙头企业融合发展能力，推动各类资源要素跨界融合、集成集约，形成特色鲜明、丰富多样、一二三产业融合发展的农业全产业链。

◎《关于实施新型农业经营主体提升行动的通知》

农业农村部2022年3月23日印发。文件对提升新型农业经营主体素质能力作出总体部署，明确工作思路和主要目标，提出完善基础制度、加强能力建设、深化社企对接、建立健全指导服务体系等重点工作举措，引导支持新型农业经营主体高质量发展。文件明确，力争到"十四五"期末，农民合作社规范管理和财务会计、家庭农场"一码通"管理和规范运营、新型农业经营主体指导服务体系等五项管理服务制度更加健全；新型农业经营主体融合发展、稳粮扩油等五方面能力全面提升；新型农业经营主体辅导员队伍建设等三项指导服务机制全面建立。县级及以上示范社、示范家庭农场分别达到20万家，适应新型农业经营主体发展需求的县乡基层指导服务体系基本建立，全国新型农业经营主体辅导员名录库入库辅导员超过3万名，创建一批新型农业经营主体服务中心。

◎《社会资本投资农业农村指引（2021年）》

农业农村部、国家乡村振兴局2021年4月22日印发。文件明确了社会资本投资农业农村的13个重点产业和领域，鼓励有实力的社会资本结合地方农业产业发展和投资情况规范有序设立产业投资基金。充分发挥农业农村部门的行业优势，积极稳妥推进基金项目储备、项目推介等工作，鼓励相关基金通过直接股权投资和设立子基金等方式，充分发挥在乡村振兴产业发展、基础设施建设等方面的引导和资金撬动作用。支持社会资本参与农村人居环境整治提升五年行动。鼓励社会资本参与农村厕所革命、农村生活垃圾治理、农村生活污水治理等项目建设运营，健全农村生活垃圾收运处置体系，建设一批有机废弃物综合处置利用设施。鼓励社会资本参与村庄清洁和绿化行动。推进农村人居环境整治与发展乡村休闲旅游等有机结合。

◎《社会资本投资农业农村指引（2022年）》

农业农村部、国家乡村振兴局2022年4月2日印发。文件明确，社会资本是全面推进乡村振兴的重要支撑力量，需要加大政策引导撬动力度，扩大农业农村有效投资。社会资本投资农业农村应当尊重农民主体地位，充分尊重农民意愿；应当遵循市场规律，充分发挥市场在资源配置中的决定性作用，更好发挥政府作用；应当坚持开拓创新，发挥社会资本市场化、专业化优势，加快投融资模式创新应用；应当稳妥有序投入亟需支持的农业农村领域，不超越发展阶段搞大融资、大开发、大建设。鼓励社会资本投入现代种养业、现代种业、乡村富民产业、农产品加工流通业、乡村新型服务业、农业农村绿色发展、农业科技创新、农业农村人才培养、农业农村基础设施建设、数字乡村和智慧农业建设、农业创业创新、农村人居环境整治、农业对外合作等重点产业和领域。鼓励地方根据各地农业农村实际发展情况，因地制宜创新投融资模式，推动资源整合、投资结构优化、投资效能提升。鼓励社会资本探索通过全产业链开发、区域整体开发、政府和社会资本合作、设立乡村振兴投资基金、建立紧密合作的利益共赢机制等模式，稳妥有序投入乡村振兴。

◎《关于金融支持农业产业化联合体发展的意见》

农业农村部办公厅、中国农业银行办公室2021年9月24日联合印发。文件要求创新金融产品和服务，拓宽多元信贷担保渠道，加大对农业产业化联合体的金融支持力度。

图书在版编目（CIP）数据

农业产业化龙头企业助力乡村振兴典型案例 ／ 农业农村部管理干部学院，中国光彩事业基金会，龙湖公益基金会编. -- 北京 ：中国农业出版社，2024．8． -- （农业农村人才学习培训系列教材）. -- ISBN 978-7-109-32171-7

Ⅰ．F324；F320.3

中国国家版本馆CIP数据核字第2024H0C088号

中国农业出版社出版

地址：北京市朝阳区麦子店街18号楼

邮编：100125

责任编辑：孙鸣凤

版式设计：王　晨　　责任校对：吴丽婷

印刷：北京缤索印刷有限公司

版次：2024年8月第1版

印次：2024年8月北京第1次印刷

发行：新华书店北京发行所

开本：700mm×1000mm　1/16

印张：8.75

字数：125千字

定价：128.00元
